WILLIAM SHAKESPEARE
ERICH FRIED

Ein Sommernachtstraum
Zwölfte Nacht oder Was ihr wollt

Verlag Klaus Wagenbach Berlin

Grundlage für diesen Abdruck ist die Gesamtausgabe der Shakespeare-Übersetzungen von Erich Fried im Verlag Klaus Wagenbach (Berlin, 1989)

Wagenbachs Taschenbuch 341
Neuausgabe 1999, 5. Auflage 2011

© 1970, 1989, 1999 Verlag Klaus Wagenbach, Emser Str. 40/41, 10719 Berlin.
Aufführungsrechte bei Felix Bloch Erben, Berlin.
Umschlaggestaltung: Groothuis & Consorten.
Titelbild: Curt Bois in *Ein Sommernachtstraum,*
Berliner Festwochen 1967 (Ullstein Bilderdienst, Berlin).
Karnickel auf Seite 1 zeichnete Horst Rudolph.
Frontispiz: Das Spektakel für Königin Elisabeth,
auf das sich Shakespeare im *Sommernachtstraum* bezieht.
Autorenphoto © Catherine Fried-Boswell.
Gesetzt aus der Concorde Nova von der Offizin Götz Gorissen, Berlin.
Vorsatzpapier: Schabert, Strullendorf.
Gedruckt und gebunden bei Pustet, Regensburg.
Printed in Germany. Alle Rechte vorbehalten.

ISBN: 978-3-8031-2341-1

William Shakespeare / Erich Fried
Ein Sommernachtstraum
Zwölfte Nacht oder Was ihr wollt

Ein Sommernachtstraum

Personen

THESEUS, Herzog von Athen
HIPPOLYTA, Amazonenkönigin, verlobt mit Theseus
EGEUS, ein alter Mann, Vater der Hermia
LYSANDER ⎫
DEMETRIUS ⎭ junge Herren
PHILOSTRATES, Meister der Lustbarkeiten am Hof des Theseus
HERMIA, Tochter des Egeus, verliebt in Lysander
HELENA, verliebt in Demetrius
Peter SQUENZ, ein Zimmermann
Niklas ZETTEL, ein Weber
Frank FLAUT, ein Blasebalgflicker
Tom SCHNAUZ, ein Kesselflicker
Matz SCHLUCKER, ein Schneider
SCHNOCK, ein Schreiner
OBERON, Elfenkönig
TITANIA, Elfenkönigin
PUCK, ein Gnom
ERBSENBLÜTE ⎫
SPINNWEB ⎬ Elfen
MOTTE ⎭
SENFSAMEN
Weitere Elfen im Gefolge Oberons und Titanias
Gefolge und Diener des Theseus und der Hippolyta

Ort der Handlung: Athen und Wald vor der Stadt

Zeit der Handlung: Vor, in und nach einer Mainacht ›in alter Zeit‹.
*(Midsummer-Night's Dream bei Shakespeare bezieht sich nicht auf
die Jahreszeit, sondern auf den Glauben, daß man in der Johannis-
nacht wirre Träume hat. E. F.)*

Erster Akt

1. Szene

Saal im Palast des Herzogs Theseus.
Theseus, Hippolyta treten auf,
nach ihnen Philostrates und Gefolge.

THESEUS: Schöne Hippolyta, unsere Hochzeit
  Rückt schnell heran. Vier frohe Tage, und
  Der neue Mond ist da. Doch, ach, wie langsam
  Nimmt dieser alte ab und hält mein Herz hin
  Stiefmütterlich, wie eine Witwe, die noch
  Lang zehrt von eines jungen Mannes Renten.
HIPPOLYTA: Vier Tage werden schnell in Nacht sich hüllen,
  Vier Nächte werden schnell die Zeit verträumen;
  Dann soll der Mond, ein Silberreif, für uns
  Am Himmel neu gebogen, sehn die Nacht
  Unserer Hochzeit!
THESEUS: Geh, Philostrates,
  Ruf du die Jugend von Athen zur Feier!
  Weck auf die kecke, flinke Lustigkeit!
  Verweis den Kummer zu den Leichenzügen!
  Der blasse Tropf ist nichts für unser Fest.   *(Philostrates geht)*
  Hippolyta, zwar freite dich mein Schwert,
  Als Feind eroberte ich deine Liebe,
  Doch unsre Hochzeit wolln wir froher feiern
  Mit Pomp, Triumph und mitternächtigem Spiel.
          Egeus, Hermia, Lysander und Demetrius treten auf
EGEUS: Hoch lebe Theseus, unser tapferer Herzog!
THESEUS: Dank dir, lieber Egeus. – Nun, was gibts?
EGEUS: Großen Verdruß! – Ich komm als Kläger gegen
  Mein Kind hier, meine Tochter Hermia.
  Tritt vor, Demetrius! – Mein edler Herr,
  Dem Mann da hab ich sie zur Frau versprochen. –
  Tritt vor, Lysander! – und, mein gnädiger Herzog,
  Der da hat meines Kindes Herz verhext.
  Du, du Lysander; du hast Liebespfänder
  Mit ihr getauscht, ihr Reime zugesteckt;
  Mit falscher Stimme falsche Lieb gesungen,

Hast dich in ihre Träume eingeschlichen
Mit Locken deines Haars, Tand, Teufeleien,
Mit Ringen, Blumen, Süßzeug; kurz, mit Boten,
Die zählen bei so unerfahrener Jugend.
Schlau hast du meiner Tochter Herz gestohlen
Und hast ihren Gehorsam, der *mir* zusteht,
In sturen Trotz verkehrt. – Drum, gnädiger Herzog,
Falls sie nicht hier, vor Eurer Hoheit, zustimmt,
Daß sie Demetrius zum Manne nimmt,
Erbitt ich mein altes Athener Recht,
Mit ihr als meinem Eigentum zu schalten.
Das heißt: entweder wählt sie diesen Mann
Oder den Tod, und ohne Federlesen,
Wie's unser Recht in solchem Fall verfügt.
THESEUS: Nun, Hermia? Laß dir raten, schönes Kind:
   Dein Vater sollte für dich wie ein Gott sein,
   Einer, der alle deine Reize schuf,
   Für den du bist wie eine Wachsfigur,
   Der er Gestalt gab und in dessen Macht steht,
   Sie zu erhalten oder zu vernichten. –
   Demetrius ist ein ehrenwerter Mann.
HERMIA: Lysander auch!
THESEUS: Ja, sicher, an und für sich.
   Es fehlt ihm aber deines Vaters Jawort,
   Drum muß der andere als der bessere gelten.
HERMIA: Säh doch mein Vater das mit meinen Augen!
THESEUS: Nein, du sollst das mit seinen Augen sehn.
HERMIA: Mein hoher Herr! ich bitt um Eure Gnade.
   Ich weiß nicht, welche Macht mir Mut verleiht,
   Noch wie es meiner Sittsamkeit geziemt,
   In solcher Gegenwart so frei zu reden.
   Doch bitt ich Euer Gnaden, laßt mich wissen,
   Was kann im schlimmsten Fall mit mir geschehen,
   Wenn ich Demetrius nicht nehmen will?
THESEUS: Entweder mußt du sterben oder ewig
   Abschwören allem Umgange mit Männern.
   Drum, schöne Hermia: frag dich, was du willst.
   Bedenk, wie jung du bist, und prüf dein Blut,

Ob du, wenn du nicht deinem Vater nachgibst,
Die Nonnentracht dann auch ertragen kannst,
Ewig ins düstere Kloster eingesperrt
Als unfruchtbare Schwester hinzuleben,
Dem kalten Mond verzagte Hymnen leiernd …
Zwar, dreimal selig, die ihr Blut bezähmen
Zu solcher mädchenreinen Pilgerfahrt!
Doch glücklicher die Rose, die uns duftet,
Als die, am jungfräulichen Dorn verwelkend,
Blüht, lebt und stirbt in einsamer Entrücktheit.

HERMIA: So will ich blühen, leben, sterben, Herr,
Und nicht mein Mädchentum an diesen Mann
Abtreten, dessen unwillkommenem Joch
Sich meine Seele niemals beugen wird.

THESEUS: Nimm dir Bedenkzeit, doch am Neumondstag
– Dem Tag, der zwischen mir und meiner Liebsten
Das ewige Band besiegelt, das uns eint, –
An diesem Tag sei du zum Tod bereit,
Weil du dem Vater nicht gehorchen willst, –
Oder zur Ehe mit Demetrius,
Oder du schwörst an dem Altar der Diana
Ein ewig einsames und armes Leben.

DEMETRIUS: Gebt nach, lieb Hermia! – Und du, Lysander,
Dein Anspruch fällt vor meinem guten Recht!

LYSANDER: Demetrius – ihres Vaters Liebe *habt* Ihr:
Laßt Hermia mir, und Ihr nehmt ihn zur Frau!

EGEUS: Jawohl, Lysander! Meine Liebe hat er,
Und meine Liebe schenkt ihm das, was mein ist,
Und *sie* ist mein, und all mein Recht auf sie
Trete ich ab nun: an Demetrius.

LYSANDER: Ich bin, o Herr, so gut wie er an Abkunft
Und an Besitz – an Liebe hab ich Vorrang.
In allem stehe ich um nichts geringer
Da als Demetrius, vielleicht noch besser –
Und, was weit mehr als alles andere gilt:
Ich bin es, den die schöne Hermia liebt!
Warum soll ich da nicht mein Recht verfechten?
Demetrius, ich sags ihm auf den Kopf zu,

Hat Nedars Tochter, Helena, betört,
Ihr Herz umstrickt; das schöne Fräulein schwärmt,
Schwärmt schmachtend, ja, schwärmt wie für einen Abgott
Für diesen bösen, ungetreuen Mann.

THESEUS: Ich muß gestehn, das hab auch ich gehört
Und wollt es mit Demetrius besprechen, –
Doch hatt ich zuviel Eigenes im Kopf,
Und ich vergaß es. – Nun, Demetrius, kommt, –
Und kommt, Egeus; ihr sollt mit mir gehn,
Ich hab euch einiges allein zu sagen …
Du schöne Hermia, sieh, daß dein Geschmack
Sich nun dem Willen deines Vaters fügt,
Sonst überliefert dich das Recht Athens
(Das wir auf keine Weise mildern dürfen)
Dem Tod oder dem Schwur der ewigen Keuschheit …
Komm mit, Hippolyta! Wie gehts dir, Liebste? –
Demetrius, Egeus, kommt uns nach! –
Ich habe da noch ein Geschäft für euch
Vor unsrer Hochzeit und muß mit euch reden
Von einer Sache, die euch nah betrifft.

EGEUS: Wir kommen gerne, wie es unsre Pflicht ist.

Alle ab, außer Hermia und Lysander

LYSANDER: O, Liebste, du! Warum die bleichen Wangen?
Die Rosen da, was welkten sie so schnell?

HERMIA: Vielleicht, weil ihnen Regen fehlt; den könnt ich
Ersetzen mit der Sturzflut meiner Augen.

LYSANDER: Hermia! – Nach allem, was ich jemals hörte
Und jemals las in Chroniken und Sagen:
Der wahren Liebe Weg war niemals leicht,
Entweder Unterschiede der Geburt –

HERMIA: O Kreuz: zu hoch, sich Niedrigem zu binden!

LYSANDER: Oder die Zahl der Jahre war zu ungleich –

HERMIA: O Schmach: zu alt, sich Jungem zu verloben!

LYSANDER: Oder man hing von der Verwandten Wahl ab –

HERMIA: O Qual, wenn *andrer* Aug den Liebsten wählt!

LYSANDER: Oder wenn schon die Wahl der Liebe stimmte,
Belagerten Krieg, Tod und Krankheit sie,
Daß sie dahinging, schneller als ein Schall,

Ein Sommernachtstraum

Kurz wie ein Schatten, flüchtig wie ein Traum,
Rasch wie der Blitzschlag in kohlschwarzer Nacht,
In dessen Krampf Himmel und Erde klaffen;
Und noch bevor man sagen kann: »Da seht!«
Hat sie der Schlund der Finsternis verschlungen:
So schnell stürzt alles Helle in Verwirrung.

HERMIA: Wenn wahre Liebe stets so leiden mußte,
So ist das ein Gesetz des Schicksals selbst.
Lernen wir draus Geduld für unsere Prüfung;
Liebe muß dieses Kreuz nun einmal tragen;
So wie Gedanken, Träume, Seufzer, Wünsche
Gehörts zum Hofstaat unsrer armen Neigung.

LYSANDER: Gut, Hermia, daß du es so siehst! Hör: Ich
Hab eine alte Tante, eine Witwe,
Sie ist begütert, aber kinderlos
Und wohnt nur sieben Meilen von Athen.
Ich bin für sie, als wäre ich ihr Sohn ...
Dort laß uns Hochzeit machen, Hermia, liebste!
Bis dorthin kann Athens scharfes Gesetz
Uns nicht verfolgen. Drum, wenn du mich liebst,
Schleich morgen nacht aus deines Vaters Haus,
Und, eine Meile vor der Stadt, im Wald,
Wo ich mit Helena dich einmal traf
Zur Feier eines schönen Maienmorgens,
Dort warte ich auf dich.

HERMIA: Liebster Lysander!
Ich schwör es dir bei Amors stärkstem Bogen,
Bei seinem besten Pfeil mit goldener Spitze,
Bei der Unschuld von Venus' heiligen Tauben,
Bei dem, was Seelen eint: bei Lieb' und Glauben,
Beim Feuer, das Karthagos Königin brannte,
Als sie Aeneas auf dem Schiff erkannte;
Bei allen Treuschwürn, die ein Mann je brach,
Und die sind mehr, als je ein Weib versprach:
Ich treffe dich ganz sicher morgen nacht.
Ich weiß auch noch die Stelle! – Abgemacht!

LYSANDER: Liebste! halt Wort! – Schau, da kommt Helena!

Helena tritt auf

HERMIA: Grüß Gott, schön Helena! Wohin solls gehn?
HELENA: Schön nennst du mich? Nein, widerruf dies ›schön‹!
   Schön nennt Demetrius *dich*! Schön und beglückt!
   Dein Aug ist ihm ein Leitstern! ihn entzückt
   Dein Sang, wie Hirten wohl ein Lerchenlied,
   Wenn Weizen grünt und Heckenrose blüht.
   Krankheit steckt an – Ach, tät's doch Schönheit auch!
   Anstecken, Hermia, könnte mich dein Hauch,
   Dein Mund mein Ohr, dein Auge meine Augen;
   Dann könnt auch mein Mund süß zu Liedern taugen.
   Wär mein die Welt, ich ließ dich damit schalten,
   Nichts als Demetrius wollt ich mir behalten!
   O lehr mich deinen Blick! Wie fängst dus an?
   Demetrius' Herz, wie schlägst du es in Bann?
HERMIA: Ich furch die Stirn – er liebt mich nach wie vor.
HELENA: Ach, daß mein Lächeln diese Kraft verlor!
HERMIA: Ich fluche ihm – und er vergeht vor Liebe.
HELENA: Ach, daß doch mein Gebet ihn dazu triebe!
HERMIA: Ich hasse ihn – er liebt mich desto mehr.
HELENA: Je mehr ich liebe, desto mehr haßt er.
HERMIA: Ich kann nicht schuld an seiner Narrheit sein.
HELENA: Doch: du bist schön. Wär diese Schuld nur mein!
HERMIA: Faß Mut! Mein Anblick soll ihn nicht mehr ziehen:
   Lysander und ich, wir wollen heimlich fliehen.
   Schön wie der Himmel schien mir mein Athen
   Früher, als ich noch Lysander nie gesehn!
   Und nun, was hat die Liebe mir gebracht,
   Die diesen Himmel mir zur Hölle macht?!
LYSANDER: Helena höre: Du verrätst uns nicht!
   Wenn Diana morgen nacht ihr Mondgesicht
   Im Silberschein des glasigen Wassers spiegelt
   Und jeden Halm mit flüssigen Perlen siegelt,
   Wenn Dunkel hilft der Liebenden Flucht verhehlen,
   Wolln wir zum Tor Athens hinaus uns stehlen.
HERMIA: Und in dem Wald, wo sonst oft du und ich
   Zwischen den Primeln lagen schwesterlich
   Und unsre Herzen auftaten einander,
   Dort warte ich, dort trifft mich mein Lysander.

Den Rücken kehren müssen wir Athen,
Zu neuen Freunden in die Fremde gehn.
Dir wird ein Gott deinen Demetrius schenken! –
Uns mußt du Glück wünschen und an uns denken.
Halt Wort, Lysander, liebster! – Ich verzicht
Bis morgen mitternacht auf dein Gesicht.   *Hermia ab*
LYSANDER: Ja, Hermia! – Helena, leb wohl! wir fliehn.
Mag dich Demetrius lieben, wie du ihn!   *Lysander ab*
HELENA: Andre mit andern können glücklich sein! –
Ich gelt als grad so schön wie sie; allein
Was hilft das mir? Demetrius hört es nicht,
Wenn ganz Athen von meiner Schönheit spricht.
Und wie *er* irrt, von Hermias Aug gebannt,
Bin ich von *seinem* Zauber übermannt.
Sogar wenn etwas schlecht ist, ohne Wert,
Der Liebe scheints voll Würde: sie verklärt.
Die Liebe sieht nicht, sondern träumt und sinnt,
Drum malt man den geflügelten Amor blind.
Auch hat ihr Traum von Urteil keine Spur:
Flügel und blind! So hastet Liebe nur,
Die Liebe, die man drum ein Kind oft nennt,
Weil ihre Wahl sich kindisch oft verrennt.
Und wie oft Buben prahlen ohne Scheu,
So schwört der Bube Amor ohne Treu.
Denn eh Demetrius Hermia erlag,
War'n seine Schwüre mir wie Hagelschlag,
Doch als ihr Feuer seinen Hagel brannte,
Da schmolz er, daß man keinen Schwur mehr kannte.
Ich geh und sag ihm jetzt von Hermias Flucht,
Dann treibt ihn morgen nacht die Eifersucht
Zum Wald. Ob er mir dankt für diesen Wink?
Es ist kein kleines Opfer, das ich bring.
Doch muß ich dadurch auch mein Leid noch mehren,
Daß ich ihn hingehn seh – und wiederkehren.   *Helena ab*

2. Szene

SQUENZ: Ist unsere ganze Gesellschaft beisammen?

ZETTEL: Am besten, du rufst sie auf, eodem tempore, einen nach dem andern, wie's auf der Liste steht.

SQUENZ: Hier ist das Verzeichnis von jedermanns Namen in Athen, der für fähig gehalten wird, in unserem Spiel vor dem Herzog und der Herzogin zu spielen, an ihrem Hochzeitstag zur Nacht.

ZETTEL: Erst, lieber Peter Squenz, sag, wovon das Stück verhandelt; dann verlies die Namen der Aktionäre und komme der Sache auf den Kern.

SQUENZ: Das ist wahr! Unser Stück heißt: ›Die höchst klägliche Komödie und der höchst grausame Tod des Pyramus und der Thisbi‹.

ZETTEL: Ein sehr gutes Stück Arbeit, das könnt ihr mir glauben, und lustig! Nun, lieber Peter Squenz, ruf die Aktionäre auf, nach dem Verzeichnis. Meisters – stellt euch ein jeder auseinander.

SQUENZ: Antwortet, wie ich euch rufe. Niklas Zettel, der Weber?

ZETTEL: Hier! Sag, für welche Rolle ich bin, und weiter.

SQUENZ: Du, Niklas Zettel, bist angesetzt als Pyramus.

ZETTEL: Pyramus? Was ist das, ein Liebhaber oder ein Tyrann?

SQUENZ: Ein Liebhaber, der sich selber umbringt, voller Mannesmut, aus Liebe.

ZETTEL: Das wird bei einer wahrhaftigen Darstellung etliche Tränen hervorlocken! – Wenn ich's mache, dann soll das Publikum nur ein Auge auf seine Augen haben. Ich will Stürme erregen, ich will sogar einigermaßen kondolieren. – Nun die übrigen. Aber mein bestes Genie habe ich eigentlich für einen Tyrannen: Ich könnt euch einen seltenen Erkales spielen, oder eine andere Rolle, wo ich Berge und Felsen einreiße, daß sich die Balken biegen.

»Der Felsen Stein
Fährt splitternd drein
Und rennet ein
Des Kerkers Tor!

Phöppus' Gespann
Glänzt fern heran

Und schreibt sodann
Der Parzen Schicksal vor.«

Das war erhebend! – Jetzt nenne die übrigen Spieler. Das ist so die
Art von Erkales! das ist Tyrannen-Art! Ein Liebhaber ist mehr kon-
dolierend.

SQUENZ: Frank Flaut, der Blasebalgflicker?

FLAUT: Hier, Peter Squenz.

SQUENZ: Flaut, du mußt Thisbi auf dich nehmen.

FLAUT: Was ist Thisbi? Ein irrender Ritter?

SQUENZ: Es ist das Fräulein, die Pyramus lieben muß.

FLAUT: Nein, meiner Treu! Laßt mich kein Weib spielen! Ich kriege
schon einen Bart.

SQUENZ: Das ist alles eins. Du sollst in einer Maske spielen, und du
darfst mit so kleinwinziger Stimme sprechen, wie du nur willst.

ZETTEL: Wenn ich mein Gesicht verstecken darf, dann laßt mich die
Thisbi auch spielen! Ich werde mit einer ungeheuerlich winzigen
Stimme sprechen, hört nur, so, so:»Ach, Pyramus, mein Liebster
fein! Deine Thisbi fein, dein Fräulein fein!«

SQUENZ: Nein, nein; du mußt den Pyramus spielen. Und du, Flaut, die
Thisbi.

ZETTEL: Gut; weiter.

SQUENZ: Matz Schlucker, der Schneider?

SCHLUCKER: Hier, Peter Squenz.

SQUENZ: Matz Schlucker, du mußt Thisbis Mutter spielen. – Tom
Schnauz, der Kesselflicker?

SCHNAUZ: Hier, Peter Squenz.

SQUENZ: Du dem Pyramus seinen Vater; ich selber der Thisbi ihren
Vater. Schnock, der Schreiner? – Du des Löwen Rolle, und damit haben wir, hoff ich, das Stück durchgebracht.

SCHNOCK: Hast du des Löwen Rolle schriftlich? Ich bitte dich, wenn
ja, so gib sie mir. Denn ich bin langsam im Einstudieren.

SQUENZ: Du kannst sie aus dem Stegreif machen, denn es ist nichts
wie brüllen.

ZETTEL: Laßt mich den Löwen auch spielen! Ich will so brüllen, daß
ich jedermanns Herz erfreu, wenn er mich hört. Ich will so brüllen,
daß euch der Herzog sagt:»Nochmal brüllen! nochmal brüllen.«

SQUENZ: Wenn du es gar zu fürchterlich machtest, dann würdest du die Herzogin und die Damen erschrecken, daß sie kreischen. Und das wär genug, uns alle an den Galgen zu bringen.

ALLE: Das brächt uns an den Galgen! Alle miteinander!

ZETTEL: Ich geb euch zu, Freunde, wenn ihr die Damen in so sinnlosen Schrecken versetzen tätet, dann bliebe ihnen freilich keine andre Sekretion übrig, als uns alle an den Galgen zu hängen. Aber ich will meine Stimme dermaßen aggravieren, daß ich euch so sachte brüll wie nur ein Täubchen, das noch an der Mutterbrust saugt. Ich will euch brüllen, als wärs 'ne Nachtigall!

SQUENZ: Du kannst keine Rolle spielen als den Pyramus; denn der Pyramus ist ein Mann mit einem lieblichen Gesicht; ein rechter Mann, wie man ihn an einem Sonntage sehen soll; ein höchst liebenswürdiger Mann von der Art eines Edelmannes. Deshalb *mußt* einfach *du* den Pyramus spielen.

ZETTEL: Gut, ich nehms auf mich. In was für einem Bart wollt ihr, daß ich ihn spielen soll?

SQUENZ: Ach, welchen du willst.

ZETTEL: Ich will mich meiner Rolle entweder in einem strohfarbenen Bart entledigen, oder in einem orangefarbenen Bart, oder in einem rotgefärbten Bart, oder in dem von der Farbe eines französischen Scheitels: perfektes Gelb!

SQUENZ: Manche von den französischen Scheiteln haben gar keine Haare, und dann müßtest du glatzbärtig spielen! – Aber, Meisters, da sind eure Rollen, und ich muß euch beschwören, auffordern und ersuchen, sie bis morgen nacht zu können. Und trefft mich im Schloßwald, eine Meile vor der Stadt, bei Mondschein. Dort wollen wir proben. Denn wenn wir in der Stadt zusammenkommen, dann sind die Leute hinter uns her wie die Hunde, und unsere Pläne kommen heraus. Inzwischen will ich ein Verzeichnis von Requisiten machen, die unser Spiel braucht. Ich bitt euch, laßt mich nicht im Stich.

ZETTEL: Wir werden kommen. Und dort können wirs ganz obzöniglich und kuraschiert ausprobieren. Gebt euch Mühe! Seid perfekt! Adieu!

SQUENZ: Bei des Herzogs Eiche kommen wir zusammen.

ZETTEL: Basta. Seid pünktlich, oder es setzt was. *Alle ab*

Ein Sommernachtstraum

Zweiter Akt

1. Szene

Wald bei Athen.
Puck und Elf begegnen einander.

PUCK: He, Geist! Wohin des Wegs?
ELF: Über Hügel und Tal,
  Durch Busch, durch Dorn,
  Über Garten und Pfahl,
  Durch Flamme, durch Born
  Streif ich umher – überall,
  Schneller als der Mondball.
  Ich diene der Elfenkönigin,
  Tau streu ich auf ihre Ringe im Grün.
  Die Primeln da sind ihr Hofgeleit.
  Sieh die Tüpfel auf ihrem gelben Kleid:
  Das sind Rubine, Geschenke der Königin,
  Duft liegt in diesen Flecken drin.
  Jetzt hol ich Tautropfen hervor
  Und häng jeder Primel eine Perle ans Ohr.
  Leb wohl, du komischer Kobold, ich geh.
  Unsre Königin und all ihre Elfen sind in der Näh!
PUCK: Der König feiert hier heut nacht sein Fest.
  Daß sich die Königin ja nicht sehen läßt!
  Weil Oberon vor Wut und Eifersucht schnaubt,
  Seit sie als ihren Pagen sich geraubt
  Ein indisches Königskind! – ein süßer Fratz!
  Noch nie stahl sie sich einen schönern Schatz.
  Und Oberon will für sich selbst den Knaben
  Als Knappen in den wilden Wäldern haben.
  Sie aber gibt den Knaben ihm nicht hin,
  Kränzt ihn mit Blumen, hängt ihr Herz an ihn,
  Und trifft sie Oberon nun in Hag und Hain,
  Am klaren Quell oder bei Sternenschein,
  Gleich zanken sie, daß jeder Elf verschreckt
  In leere Eichelnäpfchen sich versteckt.
ELF: Wenn du dich nicht ganz zu verstellen weißt,
  Glaub ich, du bist der Gnom, du bist der Geist,

Der schlau und schalkhaft lose Streiche heckt
Und in den Dörfern gern die Mädchen schreckt,
Der Milch den Rahm abschöpft, den Mehlsack leermacht,
Der keuchenden Hausfrau gern das Buttern schwer macht,
Durch den beim Brauen oft das Bier mißrät,
Der Schnickschnack treibt mit Wandrern nächtlich spät.
Doch hilfst du denen, die dich näher kennen
Und »lieber Puck« und »guter Waldgeist« nennen.
Bist du nicht der?

PUCK: Da hast du recht gedacht.
Ich bins, der lose Wanderer der Nacht,
Oberons Hofnarr. Oft mach ich ihm Spaß
Und lock 'nen fetten Hengst von seinem Fraß,
Indem ich wiehere wie 'ne junge Stute. –
Oder im Mostglas hält mich eine gute
Frau Tante für ein Äpfelchen, will nippen,
Wupps, fahr ich hoch und schlag sie auf die Lippen,
Daß ihr vom Most die welke Wamme trieft.
Die klügste Muhme, in traurigsten Klatsch vertieft,
Hält für 'nen Hocker mit drei Beinen mich;
Ich gleit ihr unten fort: bumms! setzt sie sich
Auf ihren Arsch und zetert Mord und hustet,
Daß alles sich die Seiten hält und prustet
Und schnauft vor Lachen und am Ende schwört:
»Wir haben nie was Lustigeres gehört!«
Doch aus dem Weg, Elf: Hier kommt Oberon!

ELF: Hier meine Herrin! – Ach, ging er doch schon!

Oberon und Titania mit Gefolge begegnen einander

OBERON: Schlimm trifft sichs unterm Mond, Starrkopf Titania!

TITANIA: Flieht, Elfen! – Oberon, der Eifersüchtling!
Ich hab sein Bett und seinen Umgang abgeschworen!

OBERON: Bleib, Sittenlose! Bin ich nicht dein Herr!

TITANIA: Dann müßt ich *deine Herrin* sein; doch weiß ich,
Wie du dich fortschlichst aus dem Elfenreich,
Dasaßest als Corydon ganze Tage,
Die Haberflöte spieltest, Ständchen brachtest
Der lieben Phyllis! – Und warum bist du
Vom fernsten Berghang Indiens hergeeilt?

Nur einzig, weil die dralle Amazone,
Dein Stiefelfräulein, deine Schlachtenliebste,
Dem Theseus angetraut sein muß. – Und *du* kommst,
Ihr Bett mit Lust und Fruchtbarkeit zu segnen.
OBERON: Schäm dich, Titania, in *diesem* Lichte
Hippolyta und mich zu sehn! Du weißt doch,
Daß ich wohl weiß, wieviel dir Theseus war!
Hast du ihn nicht durch Irrlichtnacht entführt
Von Perigenia, die er schändete?
Wars nicht durch dich, daß er der schönen Aegle,
Ariadne und Antiopa die Treu brach?
TITANIA: Das sind nur Trugbilder der Eifersucht. –
Kein einziges Mal seit Sommeranfang trafen
Wir uns in Tal und Hügel, Wald und Wiese,
Am steinumfaßten Quell, am Binsenbach
Oder am sandigen Küstenstrich des Meeres
Zum Ringelreihn, zu dem der Wind uns pfiff,
Daß nicht dein Zanken uns den Spaß verdarb! –
Der Wind, der uns umsonst aufspielte, hat drum
Aus Rache böse Nebel aus dem Meer
Gesogen, die aufs Land dann fielen und
Die kleinsten Bächlein übermütig machten,
so daß sie gleich aus ihren Ufern traten.
Umsonst hat drum der Ochs sein Joch getragen,
Der Pflüger seinen Schweiß vertan: das Korn
Fault grün, zu jung noch, einen Bart zu haben.
Leer steht die Hürde im ersäuften Feld,
Die Seuche läßt das Vieh zum Fraß den Krähen,
Die Kegelbahn ist zugedeckt vom Schlamm;
Unkenntlich sind die krausen Labyrinthe
Im frischen Grün, weil keiner mehr sie nachtritt.
Den Menschenkindern fehlts an Winterfreuden,
Und keine Nacht kennt Lied und frohen Chor.
Die Mondgöttin, die Herrin aller Fluten,
Wäscht unsretwegen zornesbleich die Luft,
Daß allenthalben Gliederreißen wütet.
Unser Zerwürfnis macht, daß wir vertauscht sehn
Die Jahreszeiten: Frost mit weißem Haar

Fällt in den frischen Schoß der roten Rose;
Des alten Winters eisig-kalter Scheitel
Trägt wie zum Spotte einen duftigen Kranz
Von Sommerknospen: Ja, der Lenz, der Sommer,
Der ernteschwangre Herbst, der zornige Winter,
Sie tauschen ihre Tracht. Da staunt die Welt und
Kann sie an ihren Früchten nicht mehr kennen.
Und diese ganze Brut von Plagen kommt
Von unsrem Streit, von unserem Zerwürfnis.
Wir haben sie geboren und gezeugt.
OBERON: Dann schaff du Abhilfe; es liegt an dir!
Was soll Titania ihren Oberon kränken?
Ich will ja nur den kleinen Wechselbalg
Zum Knappen.
TITANIA: Nein, den schlag dir aus dem Kopf.
Ich geb ihn nicht ums ganze Elfenreich.
Aus meinem Orden war schon seine Mutter
Und hat in Indiens Luft voll Wohlgerüchen
An meiner Seite oft die Nacht verplaudert.
Sie saß bei mir auf Neptuns gelbem Sand
Und sah den Handelsschiffen auf der Flut nach.
Lachend sahn wir die Segel Wind empfangen
Und bald von seinem Spiel sich schwanger blähn,
Das ahmte sie mit zierlich schwimmendem Schritt
(Schon schweren Leibs von meinem kleinen Junker)
Zum Spaß oft nach und segelte zu Lande,
Brachte mir Kleinigkeiten und lief ein,
Als wie von einer Seefahrt, reich beladen.
Doch sie, ein sterblich Weib, starb an dem Knaben,
Und ihr zuliebe zieh ich ihn nun auf,
Und ihr zuliebe geb ich ihn nicht her.
OBERON: Wie lange bleibst du hier in Wald und Hag?
TITANIA: Vielleicht bis nach des Theseus Hochzeitstag. –
Willst du geduldig mit uns Reihen tanzen
Und unsre Mondscheinfeste sehn, komm mit.
Sonst geh. Ich stör ja auch nicht deine Kreise.
OBERON: Gib mir den Knaben, und ich geh mit dir.
TITANIA: Nicht um dein Elfenreich! – Kommt, Elfen! fort!

Ein Sommernachtstraum

Nur Streit entsteht bei jedem weiteren Wort.

Titania mit Gefolge ab

OBERON: Gut, geh nur hin! Du sollst mir aber nicht
Aus diesem Wald, eh' ich an dir gerächt bin.
Mein guter Puck, komm her. Du weißt doch noch:
Da saß ich einst auf einem Vorgebirge,
Und eine Meerfrau ritt einen Delphin
Und sang so süß und hauchte so harmonisch,
Daß selbst die rauhe See ganz höflich wurde
Und etliche Stern' aus ihren Kreisen schossen,
Des Meerweibs Lied zu hören.

PUCK: Ja, ich weiß.

OBERON: Ich sah damals auch Amor (du sahst nichts)
In voller Rüstung zwischen kaltem Mond
Und dieser Erde fliegen, und sein Ziel war
Die schöne Jungfrau, die im Westen thront.
Er schnellte seinen Liebespfeil vom Bogen,
Wie um zehntausend Herzen zu durchbohren.
Doch konnt ich sehn: jung Amors feuriger Schaft
Erlosch im keuschen Wasserlicht des Monds;
Die königliche Jungfrau, sie schritt weiter,
Tief in Gedanken, frei von Leidenschaft.
Doch merkt' ich, wo im Westen Amors Pfeil fiel:
Auf eine kleine Blume, die zuvor
Milchweiß war, doch nun liebeswund, verfärbt.
Und weil so stiefmütterlich Los sie traf,
Nennen die Mädchen sie Stiefmütterchen. –
Die hol mir her! Ich zeigte sie dir einst.
Ihr Saft auf eines Schläfers Augenlidern
Erweckt in Mann wie Weib die tollste Liebe
Zum ersten Wesen, das sie nachher sehn.
Bring mir das Kräutlein, und sei wieder da,
Eh der Leviathan eine Meile schwimmt.

PUCK: Vierzig Minuten, und ich leg 'nen Gürtel
Rund um den Erdball!   *Ab*

OBERON: Hab ich erst den Saft,
Belausche ich Titania, wenn sie schläft,
Und träufle ihn auf ihre Augen dann.

Das erste, was sie beim Erwachen sieht
(Seis Löwe oder Bär, Wolf oder Stier,
Seis freche Meerkatz' oder kecker Affe),
Sie soll ihm folgen mit verliebtem Sinn.
Eh ich den Zauber lös von ihrem Aug
(Was ich mit einem anderen Kräutlein kann),
Muß sie mir ihren Pagen überlassen ...
Wer kommt denn dort? – Nun, ich bin unsichtbar,
so kann ich hören, was die zwei da reden.

Demetrius tritt auf, gefolgt von Helena

DEMETRIUS: Ich lieb dich nicht, so lauf du mir nicht nach!
Wo ist Lysander und die schöne Hermia?
Ihn möcht ich töten, sie – sie tötet mich,
Du sagst, sie flüchteten in diesen Wald.
Hier bin ich, und wild wallt mein Blut im Wald,
Weil ich hier meine Hermia nicht finde. –
Weg! fort von hier, und folg mir nicht mehr nach!
HELENA: Du ziehst mich an, hartherziger Magnet,
So ziehst du nicht bloß Eisen, denn mein Herz ist
Erprobt wie Stahl. Hör auf, mich anzuziehen,
Dann hab auch ich nicht Kraft mehr, dir zu folgen.
DEMETRIUS: Lock ich dich denn? Tu ich dir etwa schön?
Sag ich dir nicht vielmehr die nackte Wahrheit:
Daß ich dich weder lieb, noch lieben kann?
HELENA: Und eben darum lieb ich dich noch mehr.
Ich bin dein Hund, Demetrius, dein Spaniel.
Je mehr du schlägst, je mehr werd ich dir schmeicheln:
Tu mir wie deinem Spaniel! scheuch mich, schlag mich
Verachte mich, verlier mich, nur erlaub mir,
(Bin ichs auch gar nicht wert) dir nachzufolgen.
Was könnt ich Schlimmeres von der Liebe bitten,
Als daß du mich wie deinen Hund behandelst?
Und doch, für mich ist das noch hoher Rang.
DEMETRIUS: Reiz nicht zu sehr den Haß in meinem Herzen, –
Mir wird schon übel, wenn ich dich nur sehe!
HELENA: Und mir wird übel, wenn ich dich nicht sehe.
DEMETRIUS: Ihr sündigt gegen Euren guten Ruf
Wenn Ihr die Stadt verlaßt und einem Mann,

Der Euch nicht liebt, Euch in die Hände liefert;
Wenn Ihr die Schätze Eures Mädchentums
Der Nacht aussetzt und ihrer Kuppelei
Und der Versuchung dieses wüsten Ortes.
HELENA: Mein Schutz ist deine Tugend! überhaupt:
Es ist nicht Nacht, solang ich dein Gesicht seh.
Drum glaube ich, es ist um mich nicht Nacht;
Der Wald hier schenkt mir Welten von Gesellschaft,
Denn du bist ja für mich die ganze Welt:
Wer kann da sagen, daß ich einsam bin?
Die ganze Welt ist hier und sieht mich an.
DEMETRIUS: Ich lauf dir fort, ich krieche ins Gebüsch und
Dich überlaß ich wilder Tiere Gnade!
HELENA: Das wildeste hat noch mehr Herz als du!
Lauf zu, dann kehrt sich die Geschichte um:
Apollo ists, der flieht, und Daphne jagt ihn;
Die Taube hetzt den Greif; das sanfte Reh
Eilt einem Tiger nach. – Die Eile hat nicht Sinn,
Wenn Schüchternheit verfolgt und ihr der Mut entrinnt.
DEMETRIUS: Ich steh dir nicht mehr Rede: laß mich gehn.
Und folgst du nach, glaub mir, ich sag dir das:
Ich tu dir hier im Wald noch etwas an!
HELENA: Ach, auch in Stadt und Feld, sogar im Tempel
Tust du mir etwas an, Demetrius: pfui!
Dein Tun ist Unrecht gegen mein Geschlecht!
Um Liebe kämpfen Männer. – Mädchen, nein:
Uns *muß* man frein, wir solln nicht *selber* frein.   *(Demetrius ab)*
Dir nach! Die Hölle ist mein Himmelreich,
Gibt mir des Liebsten Hand den Todesstreich!   *Helena ab*
OBERON: Leb wohl, du Schöne! *Er* folgt *dir* und fleht
Um Liebe, eh er diesem Wald entgeht.   *Puck kommt zurück*
OBERON: Bringst du die Blume mit? Willkommen, Wandrer!
PUCK: Da ist sie, seht!
OBERON: So bitte, gib sie mir.
Ich weiß einen Hang, wo wilder Thymian blüht,
Die Dotterblume Veilchen nicken sieht,
Ganz überwölbt von einem Baldachin
Aus Geißblatt, Weißdorn, duftendem Jasmin.

Dort schläft Titania manchmal in der Nacht
Auf Blumen, wenn der Tanz sie müde macht.
Die Schlange streift dort ab die blanke Haut,
Die man als Mantel dann an Elfen schaut.
Dort netz ich ihre Augen mit dem Saft,
Dann ist sie bald voll ekler Leidenschaft. –
Nimm auch davon, durchsuche Busch und Reis:
Ein schönes Fräulein aus Athen liebt heiß
Den spröden jungen Mann, der sie verschmäht.
Netz ihm die Augen, daß er sie erspäht,
Wenn er erwacht. Du kennst ihn leicht, den Mann:
Er hat athenische Gewänder an.
Verfahre sorgsam mit dem süßen Gift,
Daß seine Liebe ihre übertrifft,
Und sei zurück vorm ersten Hahnenkrähen.
PUCK: Traut Eurem Diener, Herr. Es wird geschehen.   *Sie gehen ab*

2. Szene

Ein anderer Teil des Waldes.
Titania kommt mit ihrem Gefolge.

TITANIA: Kommt! noch ein Ringelreihn und Elfensang,
　　　Dann huscht auf ein Minutendrittel fort!
　　　Ihr da, räumt Raupen weg aus Weißdornknospen!
　　　Ihr dort, erbeutet mir die Lederflügel
　　　Der Fledermaus als Rock für kleine Elfen!
　　　Und ihr, verscheucht den Schreihals Uhu, der uns
　　　Beglotzt bei Nacht und heult. – Singt mich in Schlaf,
　　　Und dann an euer Werk und laßt mich ruhen.
ERSTER ELF: Doppelzüngig bunte Schlangen,   *Die Elfen singen*
　　　Stacheligel, bleibt nicht da!
　　　Blindschleichen, nun nichts begangen!
　　　Kommt der Königin nicht zu nah.
CHOR: Nachtigall, mit Melodei
　　　Sing mit uns ein Ei popei,
　　　Eia, eia, ei popei; eia, eia, ei popei.
　　　Halt von Fluch

Und Zauberspruch
Unsre liebe Fraue frei.
Nun gut Nacht mit ei popei.
ZWEITER ELF: Spinnen, webt euch sonstwo zu!
Fort, ihr Weberknechte, fort!
Schwarze Käfer, laßt ihr Ruh!
Schneck und Wurm, sucht andern Ort!
CHOR: Nachtigall, mit Melodei
Sing mit uns ein Ei popei,
Eia, eia, ei popei; eia, eia, ei popei.
Halt von Fluch
Und Zauberspruch
Unsre liebe Fraue frei.
Nun gut Nacht mit ei popei.
ZWEITER ELF: Alles gut. Husch, husch; nun gehn!
Einer nur soll Posten stehn.   *Elfen ab. Titania schläft.*
    Oberon tritt auf und preßt die Blume auf Titanias Augenlider
OBERON: Was dein erster Blick wird sehn,
Halt für deinen Liebsten schön
Liebe ihn und schmacht und stöhn!
Kater, Luchs, ja Bär sogar,
Pardel, Schwein mit Borstenhaar,
Deinem Aug seis schön fürwahr!
Was es sei: es gilt, es frommt!
Wach erst, wenn ein Scheusal kommt!   *Ab*
                Lysander und Hermia treten auf
LYSANDER: Schöns Lieb, du bist erschöpft von diesem Wald,
Und ich gesteh, ich weiß den Weg nicht mehr.
Wenn es dir recht ist, Hermia, mach jetzt Halt,
Wir rasten, denn bei Tag ists nicht so schwer.
HERMIA: Ja, gut, Lysander, machs dir wo bequem. –
Mir ist die Böschung hier ganz angenehm.
LYSANDER: Ein Rasenfleck sei Kissen für uns zwei:
Ein Herz, ein Bett, ein Körper, eine Treu!
HERMIA: Nein, mein Lysander! Mir zuliebe, Lieber,
Lieg nicht so nah! Lege dich dort hinüber.
LYSANDER: Liebste, mißdeute meine Unschuld nicht.
Liebe versteht doch, was die Liebe spricht.

Ich mein, *mein* Herz ist so verwebt in deines:
Wir machen ganz von selbst daraus nur eines.
Zwei Busen kettet aneinand' ein Schwur,
Daher in beiden *eine* Treue nur.
Erlaube drum, daß ich mich an dich schmiege:
Hermia, ich lüge nicht, wenn ich so liege.

HERMIA: Lysander fügt die Worte wirklich fein.
Mein Hochmut und mein Stolz verdienten Rüge,
Wenn Hermia sagte, daß Lysander lüge;
Doch sei so lieb und nett und sag nicht nein,
Wenn ich dich bitte: halt den Abstand ein,
Mein Freund, den man für ziemlich halten kann
Für Mädchenehr und einen Ehrenmann.
So weit entfernt bleib, Freund, und nimmer wende
Von mir dich ab bis an dein selig Ende.

LYSANDER: Du betest schön, Lieb! Ich sag Amen drauf.
Brech ich die Treu, so hör mein Leben auf!
Hier ist mein Lager. Schlaf und träum voll Glück!

HERMIA: Das halbe Glück wünsch ich auf dich zurück!   *Sie schlafen*
Puck tritt auf

PUCK: Wie ich auch den Wald durchstrich,
Kein Athener findet sich,
Dessen Aug mein Blumensaft
Lehren könnt der Liebe Kraft.
Nacht und Graus! – Da liegt ein Mann,
Hat athenische Kleider an.
Er, nach meines Herren Rede,
Ist es, der sein Lieb verschmähte.
Ja, da liegt sie, schläft gesund
Auf dem feuchten Modergrund.
Ärmste Schöne! wagt sich an
Den Lieblos da nicht näher 'ran.
Wart, du Engherz! deinen Augen
Wird der Saft zur Lehre taugen!   *(Er salbt Lysanders Lider)*
Wach nur auf: vor Liebespein
Sollst du fortan schlaflos sein. –
Aber erst geh ich davon
Denn ich muß zu Oberon.   *Ab. Demetrius und Helena treten auf*

HELENA: Töt mich, doch bleib, liebster Demetrius!
DEMETRIUS: Mit deiner Jagd auf mich mach endlich Schluß!
HELENA: Du läßt mich doch nicht so im Dunkeln hier?
DEMETRIUS: Ich geh jetzt fort. Du bleib; ich rat es dir!
                              Er macht sich los und läuft fort
HELENA: Der Liebe Jagd macht mir den Atem schwer.
   Je mehr ich fleh, je weniger Gehör.
   Wo Hermia jetzt wohl liegt? Ja, sie hat Glück:
   Sie zieht die Liebe an mit ihrem Blick!
   Ihr Aug ist hell. Doch nicht von Tränen, nein,
   Sonst müßten *meine* Augen heller sein.
   Nein, nein! ich bin so häßlich wie ein Bär,
   Sogar die Tiere fliehen vor mir her.
   Kein Wunder dann, daß mein Demetrius
   Mich wie ein Ungeheuer fliehen muß.
   Wie bin ich meinem Spiegel aufgesessen,
   Mit Hermias himmlischem Aussehn mich zu messen!
   Wer ist das? Liegt Lysander da vor mir?
   Tot? Oder schläft er? – Nein, kein Blut floß hier.
   Lysander! Wenn Ihr lebt, mein Herr, erwacht!
LYSANDER *(erwacht)*: Ich geh durchs Feuer, wenn's dich glücklich macht!
   Strahlende Helena, durchsichtiges Leben!
   Ich seh dein Herz in deinem Busen beben!
   Wo ist Demetrius? Ein Name, wert
   Voll Schande zu verderben durch mein Schwert!
HELENA: Laßt ab, Lysander! Laßt von Eurem Haß!
   Liebt er auch Eure Hermia, was macht das?
   Sie liebt nur Euch! Ihr könnt zufrieden sein.
LYSANDER: Zufrieden mit Hermia, die mich langweilt? – Nein!
   Jede Minute mit ihr sei lieber dein!
   Nicht Hermia, Helena nur will ich haben!
   Wer zöge nicht die Taube vor dem Raben?
   Vernunft ists, die des Mannes Willen führt. –
   Vernunft sagt, daß der Vorrang *dir* gebührt!
   Alles, was wächst, reift erst zu seiner Zeit,
   Ich bin noch jung und war noch nicht bereit
   Zu klarer Einsicht: nun, da ich es bin,
   Wird die Vernunft des Willens Führerin

Und zeigt mir deine Augen, drin zu lesen
Der Liebe schönstes Buch, der Liebe Wesen!
HELENA: Warum bin ich geborn zu solchem Hohn!
Verdiene ich von Euch so argen Lohn?
Ists nicht genug, genug schon, junger Mann,
Daß nie und niemals ich ergattern kann
Ein einziges Lächeln aus Demetrius' Auge?
Höhnt nun noch Ihr mich, daß ich gar nichts tauge?
Weiß Gott, ich gab Euch keinen Anlaß, nein,
So spöttisch leichtfertig mich zu umfrein.
Gehabt Euch wohl! Wahrhaftig, ich muß sagen,
Von Euch erhofft ich anderes Betragen.
Ach, daß ein Mädchen, die *ein* Mann nicht will,
Dem zweiten dienen soll zu Spott und Spiel!   *Geht ab*
LYSANDER: Und Hermia sah sie gar nicht. – Hermia, da,
Du schlaf nur! Komm Lysander nie mehr nah!
Denn wie im Überdruß die süßesten Sachen
Den Magen voll von tiefstem Ekel machen,
Wie Irrlehren, die sich zuletzt enthüllen,
Den Mann, der sie durchschaut, mit Abscheu füllen,
Bist du, mein Irrwahn und mein Überdruß,
So häßlich, daß ich dich nur hassen muß!
All meine Kraft und Lieb will ich dran kehren,
Als Helenas Ritter Helena zu ehren!   *Geht ab*
HERMIA *(erwacht)*: Hilf mir, Lysander! Hilf mir doch! Du mußt
Die Schlange wegreißen von meiner Brust!
Sie kriecht! Erbarmen! – Ach, es war ein Traum.
Lysander, sieh mich an. Noch atme ich kaum.
Ich glaubte, eine Schlange frißt mein Herz,
Und du betrachtest lächelnd meinen Schmerz.
Lysander! Was? nicht da?! Lysander, bist du fort?
Was? Niemand hört mich! Weg? Kein Ton, kein Wort?
Himmel, wo bist du? Hör mich, Liebster, sprich!
Sprich, Liebster! Diese Angst: es schwindelt mich. –
Nein. Nicht mehr da. Du kannst nicht so verschwinden:
Dich oder meinen Tod – eins muß ich finden.   *Ab*

Dritter Akt

1. Szene

ZETTEL: Sind wir alle da?

SQUENZ: Zur Hand, zur Hand! Und hier ist ein wunderbar bequemer Platz zu unserer Probe. Dieser grüne Fleck soll unsere Bühne sein, diese Weißdornhecke unsere Ankleidekammer; und wir wollen es richtig als Aktion machen, so wie wirs dem Herzog vormachen wollen.

ZETTEL: Peter Squenz! –

SQUENZ: Was sagtest du, bester aller Zettel?

ZETTEL: Es gibt etliches in dieser Komödie von Pyramus und Thisbi, was nie und nimmer gefallen wird. Erstens, Pyramus muß sein Schwert ziehen, um sich mit eigener Hand umzubringen. Das können die Damen nicht vertragen. Was sagt ihr dazu?

SCHNAUZ: Heiliges Frauchen! Eine gefährliche Sorge!

SCHLUCKER: Ich glaube, wir müssen das Umbringen zu guter Letzt doch weglassen.

ZETTEL: Keine Spur: Ich habe einen Plan, der alles gut macht. Schreibt mir einen Prolog; und lasset diesen Prolog zu sagen scheinen, daß wir keinen Schaden anrichten wollen mit unseren Schwertern, und daß Pyramus in Wirklichkeit gar nicht umgebracht wird. Ja, um noch besser sicher zu gehen, sagt ihnen, daß ich, Pyramus, nicht Pyramus bin, sondern Zettel, der Weber: das wird sie von aller Furcht befreien.

SQUENZ: Gut, wir wollen einen solchen Prolog haben; als Sonett geschrieben, in acht und sechs Versen.

ZETTEL: Nein, legt noch zwei dazu! Schreibt mir ein Sonett in acht und acht Versen!

SCHNAUZ: Werden die Damen sich nicht vor dem Löwentier fürchten?

SCHLUCKER: Ich fürcht es auch, das könnt ihr mir glauben.

ZETTEL: Meisters, ihr solltet euch da mit euch beraten, jeder unter sich: Einen Löwen – Gott behüt uns! – in Damengesellschaft zu bringen, ist eine fürchterliche Sache; denn es gibt kein greulicheres wildes Geflügel als so einen Löwen, wie er leibt und lebt; und darauf sollten wir schauen.

SCHNAUZ: Daher muß ein zweiter Prolog erklären, daß es kein Löwe ist.

ZETTEL: Nein, ihr müßt seinen Namen nennen, und sein halbes Gesicht muß durch des Löwen Hals hervorschauen, und er selbst muß zu seinem Hals heraussprechen; eine Rede wie diese, oder doch mit demselben Defekt: »Damen« – oder »Schöne Damen: ich wünsche euch« – oder »ich fordere euch auf« – oder »ich flehe euch an, – keine Angst zu haben: nicht zu zittern: mein Leben für das eure! Wenn ihr glaubt, ich komme hierher als Löwe, da wärs mir um mein Leben leid: Nein, ich bin nichts dergleichen; ich bin ein Mann, ganz wie andre Männer sind« – und an diesem Punkte lasset ihn nur schön seinen Namen nennen und ihnen rundheraus sagen, er ist Schnock, der Schreiner.

SQUENZ: Gut, so solls sein. Aber da hats noch zwei schwere Punkte; nämlich erstens, den Mondschein in ein Zimmer zu bringen; denn Pyramus und Thisbi, müßt ihr wissen, treffen sich bei Mondschein.

SCHNOCK: Scheint der Mond in der Nacht, wo wir unser Spiel spielen?

ZETTEL: Einen Kalender, einen Kalender! Schaut im Almanach nach! Sucht Mondschein, sucht Mondschein!

SQUENZ *(zieht einen Kalender aus der Tasche und sieht nach)*: Ja, er scheint in der Nacht.

ZETTEL: Nun, da könnt ihr ja einen Flügel von dem großmächtigen Kammerfenster, wo wir spielen, offen lassen, und der Mond könnte zu diesem Flügel hereinscheinen.

SQUENZ: Ja, oder sonst muß einer hereinkommen, mit einem Dornbusch und einer Laterne, und sagen, er komme, um die Person des Mondscheins zu deplacieren, beziehungsweise zu pläsentieren. Und dann hats noch eine zweite Sache: wir müssen eine Wand in dieser großen Kammer haben, denn Pyramus und Thisbi, heißt es in der Geschichte, haben miteinander durch den Ritz in einer Wand geredet.

SCHNAUZ: Ihr könnt nie und nimmer keine Wand hineinbringen. Was sagst du dazu, Zettel?

ZETTEL: Der eine oder andere muß Wand spielen; und der soll etlichen Gips auf sich haben, oder Lehm, oder Mörtel, denn das bedeutet Wand. Und er soll seine Finger so halten, *(zeigt es)* und durch den Ritz sollen Pyramus und Thisbi wispern.

SQUENZ: Nun, dann ist alles gut. Kommt, setzt euch nieder, einer jeden Mutter Sohn, und probiert eure Rollen. Pyramus, du fängst an.

Ein Sommernachtstraum

Wenn du deine Rede ausgeredet hast, dann machst du hier in dem
Busch deinen Abtritt, und desgleichen ein jeder, je nach seinem
Stichwort. *Puck tritt im Hintergrund auf*
PUCK *(abseits)*: Was treibt sich da für grobes Pack herum,
So nah dem Bett der Elfenkönigin?
Was? Wird's ein Schauspiel? Da bin ich ein Hörer.
Vielleicht spiel ich auch mit, wenn sich's ergibt.
SQUENZ: Sprich, Pyramus! Thisbi, tritt vor.
ZETTEL *(Pyramus)*: Thisbi, wie Blumen von Giften duften süß!…
SQUENZ:»Düften! Düften!«
ZETTEL *(Pyramus)*:   … Düften duften süß,
So auch dein Atem, liebste Thisbi, mir!
Doch Stimmen! Horche! Wart ein Weilchen still,
Und nach und nach bin ich gleich wieder hier.   *Ab*
PUCK: Der seltsamste Pyramus, der je hier spielte.   *Geht Zettel nach*
FLAUT *(Thisbi)*: Muß ich jetzt sprechen?
SQUENZ: Ja, freilich mußt du. Denn du mußt verstehen, er geht nur
weg, um ein Geräusch zu sehen, das er gehört hat, und kommt
gleich wieder.
FLAUT *(Thisbi)*: Strahlendster Pyramus, so weiß wie Lilien kaum,
Wie Rosen rotgefärbt auf stolzerfülltem Strauch,
Höchst muntrer Juvenil, blühendster Eibenbaum! –
Treu wie der treuste Gaul, der nimmermüde, auch.
Ich treff dich, Pyram, bei des Minus Grab…
SQUENZ:»Des *Ninus* Grab«, Mann! – Aber das darfst du jetzt über-
haupt noch nicht sagen. Das antwortest du dem Pyramus: Du sagst
ja deine ganze Rolle in einem herunter, Stichwörter und die ganze
Bescherung! – Pyramus! tritt auf! Dein Stichwort ist schon vorbei.
Es ist:»nimmermüde, auch«.
FLAUT *(Thisbi)*: Ach so. – Treu wie der treuste Gaul, der nimmer-
müde, auch.   *Zettel kommt, mit Eselskopf, danach Puck*
ZETTEL: Wär ich, o Thisbi, schön, so wär ich einzig dein!
SQUENZ: O Greuel! Unerhört! Geisterspuk! Meisters, betet!
Meisters, lauft! Hilfe!
        Sie laufen davon, außer Zettel, und verstecken sich im Gebüsch
PUCK: Nun jag ich euch und führ euch irr im Rund,
Durch Moor, durch Busch, durch Wald, durch Dorn
Bald werd ich Wildschwein sein, bald Pferd, bald Hund,

Bär ohne Kopf und Feuer voller Zorn.
Da will ich wiehern, bellen, grunzen, brüllen, brennen;
Dran sollt ihr Wildschwein, Pferd, Hund, Bär und Feuer kennen.
Er verfolgt sie

ZETTEL: Was laufen Sie alle weg? Das ist ein Streich von ihnen, um
mir bange zu machen. *Schnauz sieht hinter einem Busch hervor*
SCHNAUZ: O Zettel! Du bist verwandelt! Was seh ich da an dir?
ZETTEL: Was du siehst, du Eselskopf? einen wie du! Was sonst?
Schnauz ab. Squenz kommt zurück
SQUENZ: Gott steh dir bei, Zettel! Gott steh dir bei! Du bist transplan-
tiert! *Er dreht sich um und flieht*
ZETTEL: Ich durchschaue ihren Streich: die wollen einen Esel aus mir
machen; mich erschrecken, wenn sie nur könnten. Aber ich rühre
mich nicht von der Stelle; die sollen tun, was sie können. Ich gehe
hier auf und ab und singe, damit sie hören, daß ich mich nicht
fürchte. *(Er singt)*
> Der Amselhahn, schwarz ausstaffiert,
> Mit gelbem Schnabel fein,
> Die Drossel, die schön tiriliert,
> Der Zaunkönig, so klein …

TITANIA: Weckt mich von meinem Blumenbett ein Engel?
ZETTEL *(singt)*:
> Der Kuckuck legt der Grasemück
> Ins Nest gar flink sein Ei.
> Man sagt, daß er ihr Eheglück
> Den Männern prophezei.
> Er singt nicht wie Frau Nachtigall,
> Der Kuckuck grau und schlicht.
> Es heißt, er zählt der Hörner Zahl;
> Und *kein* Mann widerspricht!

Und natürlich nicht, denn wer wird schon so einem Esel von Vogel
mit Verstand kommen wollen? Nur ein rechter Hornochse würde
sich herstellen, einen Vogel Lügen zu strafen, wenn er auch – einmal ist keinmal! – sein »Kuckuck« ruft.
TITANIA: Ich bitt dich, holder Sterblicher, sing weiter!
Mein Ohr ist so verliebt in deine Stimme

Ein Sommernachtstraum

Wie auch mein Aug gebannt von deinem Anblick.
Durch deine Schönheit fühl den mächtigen Trieb ich
Zu schwören auf den ersten Blick: Dich lieb ich!

ZETTEL: Mich dünkt, Madam, Sie könnten dazu nicht allzuviel Ursache haben. Und doch, die Wahrheit zu sagen, Vernunft und Liebe haben nicht viel gemein gegeneinander heutzutage. Desto trauriger, daß nicht etliche Nachbarn Sie zu Freunden machen wollen. Nicht wahr, ich kann auch satirisch sein, wenn sich's so schickt?

TITANIA: Du bist so weise, wie du schön bist.

ZETTEL: Nein, weder noch! Doch hätt ich Verstand genug, aus diesem Wald zu kommen, so hab ich auch genug, meinen Vorteil wahrzunehmen: I—ah!

TITANIA: Begehre nicht, den Wald hier zu verlassen.
Du bleibst! Du magst ihn lieben oder hassen.
Ich bin ein Geist von nicht gemeinem Stand,
Der ewige Sommer herrscht in meinem Land.
Und sieh, ich liebe dich. Drum folge mir.
Ich gebe Elfen zu Bedienten dir,
Die solln aus tiefem Meer dir Perlen bringen,
Auf Blumenbetten dich in Schlummer singen.
Von Erdenschwere will ich dich befrein,
Leicht wie ein Geist der Lüfte sollst du sein.   *(Sie ruft)*
Senfsamen! Erbsenblüte! Motte! Spinnweb!

ERSTER ELF: Hier!

ZWEITER ELF: Ich auch!

DRITTER ELF: Ich auch!

VIERTER ELF: Ich auch!

ALLE *(verneigen sich)*:   Was sollen wir?

TITANIA: Seid treu und dienstbar diesem feinen Herrn
Hüpft um ihn her und tanzt vor ihm den Reih'n!
Labt ihn mit Aprikosen, Trauben, Beeren,
Maulbeer und grüne Feige solln ihn nähren,
Der Biene Honigbeutel sollt ihr für ihn leeren.
Als Kerze reißt ihr aus ihr wächsern Bein!
Entzündets an des Glühwurms Augenschein,
Zu leuchten meinem Lieb bettaus, bettein.
Mit ausgerissnen Falterflügeln fein
Weht ihm vom Aug im Schlaf den Mondenschein! –

Grüßt ihn! tretet in seine Dienste ein.

ERBSENBLÜTE: Heil dir, Sterblicher!

SPINNWEB: Heil!

MOTTE: Heil!

SENFSAMEN: Heil!

ZETTEL: Ich bitte Euer Gnaden von Herzen um Vergebung, ich wüßte gern Euer Gnaden Namen.

SPINNWEB: Spinnweb.

ZETTEL: Ich werde begehren, Sie zu meinem viel bekannteren Bekannten zu machen, guter Meister Spinnweb! Wenn ich mich in den Finger schneide, dann werde ich so frei sein, mich Ihrer zum Verbinden zu bedienen. Dafür werde ich Ihnen sehr verbunden sein! – *Ihr* Name, ehrsamer Herr?

ERBSENBLÜTE: Erbsenblüte.

ZETTEL: Ich bitte Sie, empfehlen Sie mich Madam Schote, Ihrer Frau Mutter, und Herrn Erbsenbrei, Ihrem Herrn Vater! Werter Meister Erbsenblüte, auch Sie will ich zu einem bekannteren Bekannten haben. – *Ihr* Name, wenn ich bitten darf, Herr?

SENFSAMEN: Senfsamen.

ZETTEL: Werter Meister Senfsamen. Ich weiß gar wohl, was Sie erdulden. Dieser feige, geschmacklose Riesenochse Rindfleisch hat schon manchen wackeren Herren aus Ihrem Hause verschlungen. Seien Sie versprochen, daß Ihre Familie meine Augen schon oft zu Tränen gerührt hat. Ich wünsche nähere Bekanntschaft von Ihnen, werter Meister Senfsamen.

TITANIA: Kommt, dient ihm. Führt ihn dort in mein Gelaß. –
Ich glaub, des Mondes Aug blinkt auch mit feuchtem Glanz.
Wenn Luna weint, wird jede kleine Blume naß
Vor Wehklagen um einen Mädchenkranz
Den die Gewalt zerriß mit frechem Willen. –
Schließt meines Liebsten Mund, bringt ihn im stillen.   *Alle ab*

2. Szene

Waldlichtung.
Oberon erscheint.

OBERON: Gern wüßt ich, ob Titania schon erwacht ist,
  Und was als erstes ihr vor Augen kam
  Und mit Gewalt ihr Herz gefangennahm.   *(Puck tritt auf)*
  Da kommt mein Bote. – Sag, du toller Geist,
  Was es in unsrem Wald an Nachtspuk gibt?
PUCK: Die Herrin hat sich in ein Greul verliebt!
  Sie hielt in ihrer Laube Schlummerstunde,
  Ganz heimlich, als auf dem gefeiten Grunde
  Ein Schwarm von Tölpeln, rohen Handwerksleuten,
  Die in Athen fürs liebe Brot arbeiten,
  Auftauchten und ein neues Stück probierten,
  Das sie für Theseus' Hochzeitstag studierten.
  Der dümmste Dickhäuter von den Gesellen
  – Im Stück hat er den Pyramus vorzustellen –
  Tritt ab vom Schauplatz, wartet in den Büschen
  Da ließ ich ihn nicht ungestraft entwischen:
  Ich hab ihm einen Eselskopf verpaßt:
  Da ruft seine Thisbe, und mein Held – voll Hast –
  Tritt wieder auf. Kaum sehn die andern ihn,
  Als sie wie Wildgänse den Jäger fliehn.
  So wie die Grauschopf-Elstern aus dem Wald
  Auffliegen und krächzen, wenn die Büchse knallt,
  Und wie besessen auseinanderprellen,
  So flohn bei seinem Anblick die Gesellen.
  Kaum stampf ich auf, kann *der* gar nicht mehr stehn,
  Der zetert Mord, will Hilfe aus Athen. –
  Der Schreck, der ihre Sinne schwächte, lieh
  Sinnlosen Dingen Herrschaft über sie,
  Daß Zweige, Dornen wider sie sich wenden
  Und haschen Hüte, Ärmel aller Enden;
  In ihrer Angst trieb ich sie weiter fort
  Und ließ schön Pyramus verwandelt dort.
  Da wacht Titania auf, wie sich's ergibt,
  Und sieht den Esel und ist gleich verliebt.
OBERON: Das fängt ja besser, als ichs plante, an.

Dritter Akt, 2. Szene   35

Doch hast du auch schon dem athenischen Mann
Den Saft ins Aug geträuft, der bricht der Liebe Bahn?
PUCK: Ich fand ihn schlafend, Herr. Es ist getan.
Nahbei schlief auch das Mädchen aus Athen.
Sobald er aufwacht, muß er sie gleich sehn.

Demetrius und Hermia kommen

OBERON: Versteck dich! Da kommt der Athener her.
PUCK: Sie ist es – aber das ist doch nicht er!
DEMETRIUS: Was schmähst du mich, der nichts als Liebe meint?
So bitter sprich zu einem bittern Feind!
HERMIA: Noch schelt ich nur, noch kann ich weiter suchen,
Doch fürchte ich, bald muß ich dir auch fluchen!
Schlugst du Lysander tot, der hier im Wald geruht,
Tropfst du von Blut, so wälze dich im Blut
Und töt auch mich!
Die Sonne war dem Tag nicht treu wie mir
Lysander! warum ist er dann nicht hier?
Verließ er mich im Schlaf? Nein, nimmermehr!
Da glaubt ich eher, daß es möglich wär,
Daß durch der ganz durchbohrten Erde Boden
Der Mond hindurchkriecht zu den Antipoden! –
Gesteh: du hast ihn totgeschlagen mir.
So sieht ein Mörder aus: so tot, so stier!
DEMETRIUS: So sieht nur der Ermordete aus; ich:
Von deiner Grausamkeit durchbohrt bin ich.
Doch du, die Mörderin, du strahlst so schön
Wie Venus dort in ihren Himmelshöhn.
HERMIA: Was soll das? Wo ist mein Lysander, Sprich?
Gib ihn mir wieder Freund, ich bitte dich!
DEMETRIUS: Lieber gäb ich ihn tot den Hunden preis!
HERMIA: Fort! Köter! Selber Hund! Daß mir nicht reiß'
Meine Geduld! Begingst du diesen Mord,
So zähl du nicht mehr als ein Mensch hinfort!
Sag mir die Wahrheit! mir als seiner Braut!
Im Wachen hättest du dich nie getraut
Ihn auch nur anzusehn! – Im Schlaf erschlagen!
Wie tapfer! Jede Schlange kann das wagen.
Ja, Schlange! – Doch die ärgste Schlange sticht

So doppelzüngig wie du, Giftwurm, nicht!
DEMETRIUS: Ein Mißverständnis bringt dich so in Wut,
Ich bin nicht schuldig an Lysanders Blut,
Soviel ich weiß, ist er auch noch am Leben.
HERMIA: Ist er wohlauf? Kannst du mir Nachricht geben?
DEMETRIUS: Selbst wenn ich's könnt, was hätte ich davon?
HERMIA: Daß du mich nie mehr siehst, das wär dein Lohn!
Verhaßter Mensch, geh mir aus dem Gesicht
Für immer, ob er tot ist oder nicht!   *Eilt fort*
DEMETRIUS: Ihr folgen ist vergebliches Bemühn.
Solang sie tobt; ich lege mich hier hin.
Der Trübsal Schwermut wird noch mehr beschwert
Wenn ihr Natur bankrott den schuldigen Schlaf verwehrt.
So zahl ich lieber etwas von der Schuld
Und such hier Ruh und faß mich in Geduld.
Er legt sich hin. Oberon tritt im Gespräch mit Puck auf
OBERON: Was hast du da getan? Dich ganz geirrt
Und wahrer Liebe Blick mit Liebessaft verwirrt!
Dein Fehlgriff muß die treue Liebe stören,
Statt falsche Lieb' in treue zu verkehren.
PUCK: So siegt das Schicksal: daß für einen Treuen
Millionen Männer Schwur um Schwur entweihen.
OBERON: Quer durch den Wald lauf schneller als der Wind.
Helena, das athenische Fräulein, find!
Von Herzen bang, verblaßt der Wangen Glut,
Seufzt liebeskrank das arme junge Blut.
Durch irgendeine Täuschung lock sie her
Ich salb sein Aug vor ihrer Wiederkehr.
PUCK: Ich eil, ich eil, seht wie ich eil,
Schneller als ein Tartarenpfeil.
Ab. Oberon beugt sich über den schlafenden Demetrius
OBERON: Blume, welche Amors Pein
Wandelte in Purpurschein
Dringe ihm ins Aug hinein
Daß ihm bald die Liebste sein
Strahlend schön wie Venus schein
In der Sterne Himmelsreihn. –
Dann erwach und bitt allein

Sie dann um die Heilung dein!   *Puck kommt zurück*

PUCK: Hauptmann unsrer Elfenhaufen,
  Hier kommt Helena gelaufen!
  Der, den ich verliebt gemacht,
  Läuft ihr nach mit aller Macht.
  Sehn wir uns das an geschwind,
  Wie die Menschen närrisch sind!
OBERON: Weg! – von ihrem Lärm und Lauf
  Wacht Demetrius gleich auf.
PUCK: Das wird erst ein Hauptspaß sein,
  Wenn gleich beide eine frein!
  Denn mich freut am meisten das,
  Was verdreht ist, kraus und kraß.

           Sie treten zur Seite. Helena kommt, gefolgt von Lysander

LYSANDER: Glaubst du, ich schwöre Liebe dir zum Hohn?
  Sieh, wie mein Schwur geboren ist in Tränen!
  Blickt so der Spott? Solche Geburt zeigt schon
  Das wahre Horoskop von meinem Sehnen.
  Was ists, das dir in mir als Spott erscheint,
  Wenn Tränen zeigen, daß mein Herz es meint?
HELENA: Du steigerst deine Arglist mehr und mehr!
  O teuflisch-fromm Turnier, mit Treu die Treu zu trügen!
  Du schwurst ja Hermia Treu! – Entsagst du der?
  Wieg Schwur um Schwur, so wirst du gar nichts wiegen.
  Leg in zwei Schalen deine beiden Eide,
  Sie wiegen gleich; zu leicht, wie Märchen beide.
LYSANDER: Ich war verblendet, ihr mich zu versprechen.
HELENA: Verblendung nenn ichs, nun den Schwur zu brechen.
LYSANDER: Demetrius liebt *sie*, dich liebt er nicht.
DEMETRIUS *(wacht auf)*: O Helena! Grazie! Göttlich liebstes Kind!
  Was ist so schön wie deine Augen sind?
  Kristall ist trüb! Wie reife Kirschen winken
  Mir deine Lippen, ich will Küsse trinken!
  Das reinste Weiß, des hohen Taurus Schnee,
  Vom Ostwind blankgefächelt, wird zur Kräh,
  Wenn du die Hand hebst! Fürstlich weiße Hand!
  Ach, reich sie mir zum Kuß! der Lust ein Pfand!
HELENA: O Schmach! O Höll'! Ich seh, ihr alle seid

Ein Sommernachtstraum

Eins gegen mich zu eurer Lustbarkeit.
Hättet ihr Lebensart und Sittsamkeit,
Ihr tätet mir so etwas nicht zuleid!
Ich weiß, ihr haßt mich, doch könnt ihr nicht hassen,
Ohne noch Spott an mir so auszulassen?
Ach wärt ihr Männer! wirklich, nicht zum Schein,
Ihr könntet nie so zu 'nem Mädchen sein,
Nicht spotten mich mit Lobeshymnen, Eiden,
Wenn ich doch weiß: ihr mögt mich gar nicht leiden.
Im Wettstreit liebt ihr beide Hermia,
Und nun, im Wettstreit, höhnt ihr Helena!
Ein tapfres Stück: o Mannesmut voll Pracht,
Daß ihr ein armes Mädchen weinen macht
Mit eurem Spott! Kein Mann von Ehrgefühl
Macht Mädchen so zu seiner Scherze Ziel
Und treibt mit Herz und Seele solches Spiel.
LYSANDER: Demetrius, du bist nicht ehrlich! – Seis:
Hermia liebst *du*: du weißt, daß ich das weiß.
Da, gern, von Herzen, trete ich dir ab
Was ich an Recht auf Hermias Liebe hab.
Laß mir dein Recht an Helena dafür;
Solange ich leb, gehört mein Herz nur ihr!
HELENA: So bösen Hohn hört ich noch nie, wie hier.
DEMETRIUS: Ach, deine Hermia! Nein, behalt sie lieber!
Liebt ich sie je, so ist die Lieb vorüber.
Mein Herz war nur bei ihr, wie man zu Gaste fährt,
Und ist zu Helena nun heimgekehrt,
Um da zu bleiben.
LYSANDER: Glaub's nicht, Helena!
DEMETRIUS: Der Treu die du nicht kennst, tritt nicht zu nah!
Du müßtest das vielleicht sonst teuer büßen!
                              (Hermia kommt näher)
Dort kommt dein Liebchen, Schau! Geh Sie begrüßen!
              Hermia sieht Lysander und läuft auf ihn zu
HERMIA: Das Dunkel, das dem Aug Sein Amt entzieht,
Macht, daß dem Ohr kein leiser Laut entflieht.
Was uns die Nacht an Sehen läßt entbehren,
Ersetzt sie doppelt uns durch schärferes Hören.

So war es nicht mein Auge, das dich fand,
Lysander; nein, mein Ohr hat dich erkannt.
Wie lieblos hast du mich verlassen dort?
LYSANDER: Wie konnt ich bleiben? – Liebe zog mich fort.
HERMIA: Und welche Liebe könnt Lysander von mir treiben?
LYSANDER: Lysanders Liebe ließ ihn nicht mehr bleiben,
Schön' Helena, die heller strahlt bei Nacht
Als jeder Stern, am Firmament entfacht!
Was folgst du mir noch? Merk dir endlich dies:
Ich hasse dich; drum wars, daß ich dich ließ.
HERMIA: Du meinst nicht, was du sagst. Das kann nicht sein!
HELENA: Ha! Sie ist auch verschworen mit den zwein?
So sind sie alle drei verbündet nun,
Mir diesen Schabernack da anzutun.
Grausame Hermia, undankbare Freundin!
Verbandest du, verschworst du dich mit denen,
Mich so zu quälen, mit so bösem Spott?
Sind alle unsre heimlichen Gespräche,
Der schwesterliche Treuschwur und die Stunden,
Als wir die schnellfüßige Zeit verwünschten
Weil sie uns trennte … all das ist vergessen?
Der Kindheit Unschuld und der Schulzeit Freundschaft?
Wir, Hermia, wie zwei kunstgeübte Götter
Schufen zu zweit mit Nadeln *eine* Blume,
Wir stickten sie, auf *einem* Kissen sitzend.
Wir trällerten *ein* Lied aus *einem* Ton,
Als wären unsre Hände, Körper, Stimmen
Und Herzen eins. So wuchsen wir zusammen,
Der Doppelkirsche gleich, zum Schein getrennt
Und doch in dieser Zweiteilung vereint.
Zwei Beeren, schön geformt, an einem Stiel.
Dem Anschein nach zwei Körper, doch ein Herz,
Zwei Schildern eines Doppelwappens gleich
In der Heraldik, das ein einziger Helm krönt. –
Und nun zerreißt du unsre alte Liebe
Und höhnst mit Männern deine arme Freundin?
Das ist nicht freundschaftlich, nicht mädchenhaft;
Du kränkst damit unser Geschlecht – nicht mich nur,

Wenn auch nur ich allein die Kränkung fühle.
HERMIA: Mich wundern deine aufgebrachten Reden,
Ich kränk dich nicht, doch scheint mir, du kränkst mich.
HELENA: Hast du Lysander nicht, um mich zu kränken,
Mir nachgeschickt und ihn nicht angestiftet
Zu rühmen meine Augen, mein Gesicht?
Und den Demetrius, deinen andern Liebsten
(Der kurz zuvor mich noch mit Füßen fortstieß),
Mich Göttin, Grazie, liebstes Kind zu nennen,
Schönäugig, himmlisch! – Warum sagt er das
Der die er haßt? Und warum lügt Lysander,
Er lieb' dich nicht (wo du sein ganzes Herz bist!)
Und mir, grad mir, legt er sein Herz zu Füßen!?
Doch nur mit deinem Willen, deinem Wissen!
Bin ich auch nicht begnadet so wie du,
So reich umliebt, so ganz vom Glück begünstigt,
Sondern so elend, ungeliebt zu lieben, –
Du solltest mich bedauern, nicht verachten.
HERMIA: Ich weiß gar nicht, wie du das alles meinst.
HELENA: Nun gut, besteht drauf, heuchelt trübe Blicke
Und schneidet mir Gesichter hinterm Rücken,
Blinzelt euch zu, den guten Spaß treibt weiter. –
Ihr könnt damit noch großen Nachruhm ernten!
Hättet ihr Mitleid, Lebensart, Erbarmen,
Ihr hättet mich nicht so zum Spott gemacht.
Doch nun lebt wohl. Zum Teil ist's meine Schuld;
Bald wird Entfernung oder Tod sie tilgen.
LYSANDER: Bleib, beste Helena, und hör mich an!
Mein Lieb, mein Herz, mein Leben! Helena!
HELENA: O, trefflich!
HERMIA: Liebster, höhne sie nicht so.
DEMETRIUS: Kann sie dich nicht erbitten – ich kann zwingen!
LYSANDER: Doch du erzwingst nicht mehr als sie erbittet.
Dein Drohn ist machtlos wie ihr schwaches Flehn.
Ich lieb dich, Helena! Bei meinem Leben!
Ich schwör es dir und will dies Leben lassen,
Lügen zu strafen den, der sagt, ich lieb dich nicht.
DEMETRIUS: Ich sag, ich lieb dich mehr als ers vermag.

LYSANDER: Ja? So kommt mit und liefert den Beweis!

DEMETRIUS: Wohlan denn, kommt!

HERMIA: Lysander, wohin führt das?

Hält ihn fest

LYSANDER: Weg da, du Mohrin!

HERMIA: Nein!

DEMETRIUS *(herausfordernd)*:   Mein Herr, Ihr tut bloß,
  Als brächt Ihr los, als nähmt Ihr mich beim Wort,
  Doch Ihr kommt nicht? Ihr seid gar zahm! Geht weiter!

LYSANDER: Fort, Katze, Klette, Scheusal du! laß los
  Sonst schüttle ich dich ab wie eine Schlange.

HERMIA: Warum so grob? Wie hast du dich verändert,
  Mein süßes Herz?   *Sie hält ihn immer noch*

LYSANDER: Dein Herz!? – Gelbe Tartarin, fort von mir!
  Fort, ekle Medizin, verhaßter Absud!

HERMIA: Du scherzt, Lysander?

HELENA: Freilich! – Und du auch!

LYSANDER: Demetrius, ich halte Euch mein Wort.

DEMETRIUS: Das hätt ich schriftlich gern, von Eurer *Hand.*
  Ich trau nicht Eurem *Wort*; doch eine *Hand,*
  Auch eine schwache – *hält* Euch ja: das sieht man.

LYSANDER: Wie? – Soll ich sie verwunden, schlagen, töten?
  Zwar hass ich sie, doch will ich ihr nichts antun.

HERMIA: Was? Kannst du mir mehr antun als mich hassen?
  Mich hassen? Sag, warum? Ach, du! Geliebter!
  Bin ich nicht Hermia? Bist nicht du Lysander?
  Ich bin so schön, wie ich gewesen bin.
  In *einer* Nacht geliebt erst, dann verlassen.
  So hast du mich – oh, daß es Gott verhüte! –
  Im Ernst verlassen?

LYSANDER: Ja, so wahr ich lebe!
  Und niemals mehr will ich dich wiedersehn.
  Drum hör nur auf mit Hoffnung, Frage, Zweifel.
  Sei sicher: nichts ist wahrer. – Ganz im Ernst:
  Ich hasse dich und liebe Helena!

HERMIA: O mein! – Du Gauklerin, du Blütenraupe!
  Du Liebesdiebin! Was! Kamst du bei Nacht
  Und hast sein Herz gestohlen?

HELENA: Meiner Treu!
Das nenn ich mädchenhafte Sittsamkeit!
Schämst du dich gar nicht? Meinen Mädchenlippen
Willst du ein ungeduldiges Wort entreißen?
Pfui, du Betrügerin, du kleine Puppe!
HERMIA: So? – ›Kleine Puppe?‹ – Daher weht der Wind!
So hat sie ihn also meine Statur
Mit ihrem hohen Wuchs vergleichen lassen
Und hat ihm ihre Länge aufgedrängt und
Ihn so erlangt, mit ihrer langen Höhe!
Und stehst du nun so hoch in seiner Gunst
Weil ich so zwergenhaft und gar so klein bin?
Wie klein denn? Sprich, du angemalter Maibaum,
Wie klein bin ich? So klein bin ich noch nicht,
Daß meine Nägel dir nicht an die Augen reichen!   *Geht auf sie los*
HELENA: Auch wenn ihr mich verspottet, bitte laßt
Nicht zu, daß sie mir wehtut! Ich bin hilflos,
Ganz unbegabt zu einer Bösen Sieben.
An Furchtsamkeit bin ich ein rechtes Mädchen:
Seht, daß sie mich nicht schlägt! Glaubt nicht, ich kann
Mich ihrer selbst erwehren, bloß weil sie
Ein wenig kleiner ist.
HERMIA: Schon wieder kleiner?!
HELENA: Ach, Hermia, sei mir nicht so bitter böse!
Ich hab dich immer lieb gehabt und nie dich
Gekränkt und niemals etwas ausgeplaudert.
Nur jetzt, aus Liebe zu Demetrius,
Sagte ich ihm, daß ihr hier in den Wald floht;
Er ging euch nach, ich ging aus Liebe *ihm* nach.
Doch er hat mich beschimpft, verscheucht, bedroht,
Mich zu mißhandeln, ja sogar zu töten. –
Und nun, wenn du mich ruhig gehen läßt,
Trag nach Athen zurück ich meine Torheit
Und lauf euch nicht mehr nach. Drum laß mich gehen.
Du siehst, wie kindlich einfältig ich bin.
HERMIA: Nun gut, so geh! Wer hindert dich daran?
HELENA: Ein töricht Herz, das ich zurücklaß hier.
HERMIA: Was? Bei Lysander?

HELENA: Bei Demetrius.

LYSANDER: Sorg dich nicht, Helena! *sie* darf dir nichts tun.

DEMETRIUS: Nein! nicht einmal, mein Herr, wenn Ihr sie schützt!

HELENA: Wenn sie der Zorn packt, ist sie wild und tückisch.
Schon in der Schule war sie eine Füchsin,
So klein sie ist, so bissig ist sie doch.

HERMIA: Schon wieder klein. Sonst nichts als »klein, klein, klein!«
Wie könnt ihr dulden, daß sie mich so höhnt?
Laßt mich an sie heran!

LYSANDER: Pack dich, du Zwergin!
Du Knirps aus Natterwurz, die Wachstum hemmt!
Du Ecker, du; du Knopf!

DEMETRIUS: Ihr Seid zu eifrig,
Zu dienen einer, die Euch nur verabscheut!
Laßt Helena in Ruh. Sprecht nicht von ihr.
Nehmt nicht Partei für sie, *(zieht vom Leder)* denn wenn Ihr wagt,
Auch nur ein Wort von Liebe ihr zu reden,
So solls Euch reun!

LYSANDER *(zieht gleichfalls vom Leder)*:
Jetzt hält sie mich nicht mehr.
Nun folgt mir, wenn Ihrs wagt: Ihr oder ich!
Wes' Recht an Helena ist nun das stärkre?

DEMETRIUS: Euch *folgen*? – Nein! ich halte Schritt mit Euch!

Lysander und Demetrius ab

HERMIA: Du Weibsbild, du bist schuld an dem Spektakel!
Halt! Lauf nicht fort!

HELENA: Nein, nein, ich trau dir nicht.
Mich schreckt dein wütend drohendes Gesicht.
Sind deine Hände doppelt flink zum Raufen,
So hab ich längre Beine doch zum Laufen. *Sie läuft davon*

HERMIA: Ich weiß nicht, wie heut jeder zu mir spricht.

Sie geht langsam nach

OBERON: Unachtsam bist du! Immerfort Versehen,
Wenns nicht bewußte Bubenstreiche sind!

PUCK: König der Schatten, glaubt mir: Ich versah mich.
Habt Ihr mir nicht gesagt, daß ich den Mann
An seiner attischen Tracht erkennen kann?
Einerseits bin ich frei von Schuld, denn jener

Des Aug ich salbte, ist doch ein Athener.
Andrerseits bin ich froh, daß sich's so fügt,
Weil ihre Zänkerei mich sehr vergnügt.
OBERON: Sie suchen einen Kampfplatz, diese Freier,
Drum eile, Puck! Wirf einen Nebelschleier
Der niederhängt in acherontischer Nacht,
Über des Sternenzeltes helle Pracht.
Führ diese Kampfhähne auf falsche Wege,
Dann kommen sie sich nicht mehr ins Gehege.
Bald sprich, als wärest du Demetrius
Und reiz Lysander, daß er folgen muß;
Bald höhne du Demetrius als Lysander
Und führe so die beiden auseinander.
Wenn ihre Stirnen totengleicher Schlaf
Mit bleiernem Fuß und Fledermausflügeln traf,
Dann wasch mit dieser andren Blume Saft
Lysanders Augen. Er hat Zauberkraft,
Den Blick von allem Irrtum zu befrein
Und ihm die Klarheit wieder zu verleihn.
Wenn sie erwachen, soll dies ganze Spiel
Für sie nur wie ein Traum sein, ohne Ziel.
Die Paare solln zurück dann nach Athen,
Zum Glück vereint bis an ihr Ende, gehn.
Indessen all dies *deine Sorgen* sind,
Bitt ich Titania um ihr indisches Kind,
Und dann will ich auch ihren Blick befrein
Von ihrem Scheusal– dann soll Frieden sein.
PUCK: Mein Elfenfürst, man muß das eilends machen.
Die Nacht durchpflügt den Dunst mit schnellen Drachen,
Auroras Bote kommt schon strahlend dort;
Der scheucht die Geister, die noch umgehn, fort
Zum Kirchhof. Seht der armen Seelen Heer,
Am Scheideweg begraben und im Meer,
Wies in sein wurmiges Bett hinunterflieht,
Damit der Tag nicht seine Schande sieht.
Drum haben sie sich selbst vom Licht verbannt
Und ewig zur schwarz-braunen Nacht gewandt.
OBERON: Doch wir sind Geister andrer Art; ich jage

Oft mit Auroras Freund am jungen Tage
Und darf, wie's Förster tun, den Wald betreten,
Wenn feurig sich des Ostens Tore röten
Und öffnen für Neptun, daß ihres Segens Glut
In gelbes Gold verkehrt die salzig-grüne Flut.
Beeil dich dennoch! Tu, was ich gesagt.
Wir können es vollbringen, eh es tagt.   *Oberon geht ab*
PUCK: Kreuz und quer, kreuz und quer!
Ja, ich führ sie kreuz und quer.
Landvolk, Stadtvolk scheut mich sehr:
Kobold führt sie kreuz und quer!
Hier kommt der eine!   *Er verschwindet. Lysander tritt auf, tappend*
LYSANDER: Wo bist du, Held Demetrius? Nur zu!
PUCK *(als Demetrius)*:
Hier, Schuft! – Mit blankem Schwert! – Und wo bist du?
LYSANDER: Ich bin gleich da!
PUCK: So laß uns miteinander
Auf ebnen Boden gehn!   *Lysander folgt der Stimme*
DEMETRIUS *(tappend, wie zuvor Lysander)*:
                        Antworte! – He? Lysander!
Ausreißer! Feigling! Schämst du dich denn nicht?
In welchem Strauch versteckst du dein Gesicht?
PUCK *(als Lysander)*:
Selbst Feigling! Prahlst du dort wohl für die Sterne?
Sagst du dem Strauch, du kämpftest mit mir gerne,
Und kommst doch nicht?! Komm, Bübchen, komm nur her!
Du kriegst die Rute! Denn entehrt wär der,
Der gegen dich ein Schwert zieht.
DEMETRIUS: Bist du dort?
PUCK: Folg meinem Ruf: Dies ist zum Kampf kein Ort.
                Demetrius folgt der Stimme. Lysander kommt zurück
LYSANDER: Da läuft er vor mir her mit lautem Drohn,
Und komm ich, wo er ruft, ist er davon.
Der Schurke ist leichtfüßiger als ich.
Ich folgt' ihm schnell, doch schneller trollt' er sich,
Bis ich hier hinfiel; hier, im dunklen Wald.
Da will ich rasten. *(Legt sich hin)* Heller Tag, komm bald!
Erscheinst du mir mit deinem grauen Licht,

Find ich Demetrius und halt an ihm Gericht.

Er schläft ein. Demetrius kommt zurück

PUCK *(als Lysander)*: Ho, ho, ho! Feigling, wo verdrückst du dich?

DEMETRIUS: Bleib stehn, wenn du dich traust, und wart auf mich!
Ich merke wohl, du fliehst von Ort zu Ort,
Stehst mir nicht Rede, schlüpfst nur immer fort.
Wo bist du jetzt?

PUCK:　　　　　Komm hierher! Ich bin hier!

DEMETRIUS: Du höhnst mich. Warte, das bezahlst du mir,
Wenn dich der Tag mir in die Quere bringt! –
Jetzt pack dich fort, weil Müdigkeit mich zwingt,
Dies kalte Bett mit meinem Leib zu messen. –
Dich will ich, wenn es hell wird, nicht vergessen!

Er legt sich nieder und schläft ein. Helena kommt

HELENA: O müde Nacht; o Nacht, so lang und träg,
Vergeh! Du tröstlich Morgenlicht, brich an,
Daß nach Athen ich heimwärts meinen Weg
Weit fort von jenen Spöttern nehmen kann.
Du, Schlaf, der auch dem Gram Vergessen leiht,
Entführe mich mir selbst auf kurze Zeit. *Schläft bei Demetrius ein*

PUCK: Dreie erst? – Fehlt eins noch hier:
Zwei von jeder Art macht vier.
Seht, sie kommt: weint vor Groll.
Amor ist von Bosheit voll,
Macht die armen Dinger toll!

HERMIA *(kommt zurück, niedergeschlagen)*:
Noch nie so müd, noch nie so voller Weh,
Von Tau durchnäßt, von Dornen ganz zerrissen,
Daß ich nicht weiter kriech, nicht weiter geh;
Die Füße wolln von keinem Schritt mehr wissen.
Ich ruh hier bis zum Tag. – Doch finden die einander,
Dann kämpfen sie. – O Himmel, schütz Lysander!

Schläft nahe bei Lysander ein

PUCK: Auf dem Grund
Schlaf gesund.
Freier, still!
Denn ich füll
Dir das Aug mit Arzenei.　　　*(Er salbt Lysanders Augen mit Saft)*

Wirst du wach,
O, dann lach
Freundlich der,
Wie vorher
Die dich liebt, und bleib ihr treu.

Und das Sprichwort, das uns lehrt:
»Jeder kriegt, was ihm gehört«
werde dann an euch bewährt.
Hans kriegt die Gret';
Nichts, was schlecht ergeht:
Der Mann soll seine Mähre wiederhaben, daß alles gut gerät!

Puck ab

Vierter Akt

1. Szene   *Wald. Die vier Liebenden schlafen. Titania kommt*
            mit Zettel, dessen Eselskopf mit Blumen bekränzt
            ist; Gefolge von Elfen. Dahinter unbemerkt Oberon.

TITANIA: Komm, setz dich auf das Blumenbett mit mir:
    Dein glattes, weiches Haupt schmück ich mit wilden Rosen.
    Und laß mich deine holde Wange kosen,
    Dein schönes langes Ohr, du meine liebste Zier!
                        Sie setzen sich, sie umarmt ihn
ZETTEL: Wo ist Erbsenblüte?
ERBSENBLÜTE: Hier.
ZETTEL: Kratz mir den Kopf, Erbsenblüte. – Wo ist Monsieur Spinn-
    web?
SPINNWEB: Hier.
ZETTEL: Monsieur Spinnweb, werter Monsieur, nehmen Sie Ihre Waf-
    fen zur Hand und erlegen Sie mir auf einem Distelkopf eine rot-
    schenkelige Hummelbiene; und, werter Monsieur, bringen Sie mir
    den Honigbeutel! Übernehmen Sie sich nicht zu sehr dabei, Mon-
    sieur. Und, mein lieber Monsieur, haben Sie acht, daß der Honig-
    beutel nicht reißt, es würde mir leid tun, wenn Sie Sich unter einem
    Honigbeutel ersäuften, Signor. – Wo ist Monsieur Senfsamen?

SENFSAMEN: Hier.

ZETTEL: Reichen Sie mir Ihre Mannesfaust, Monsieur Senfsamen. Ach, bitte, ersparen Sie sich den Kratzfuß, werter Monsieur.

SENFSAMEN: Was steht zu Diensten?

ZETTEL: Nichts, werter Monsieur, nur daß Sie dem Cavalero Spinnweb kratzen helfen. Ich muß zum Barbier, Monsieur, denn mir scheint, ich bin ganz erstaunlich haarig ums Gesicht. Und ich bin so ein empfindlicher Esel! Gleich muß ich mich kratzen, wenn mein Haar mich nur ein bißchen kitzelt.

TITANIA: Sag, hörst du gern Musik, mein süßer Liebster?

ZETTEL: Ich hab ein ganz großes Ohr in der Musik! Laßt uns doch ein Stück auf der Maultrommel schlagen.

TITANIA: Oder, Geliebter, sag, was willst du essen?

ZETTEL: Ehrlich gesagt, einen Haufen Futter! Ich könnt Euch auch guten, trockenen Hafer käuen. Mir scheint, ich hab ein heftiges Verlangen nach einem Bund Heu: Gutes Heu, süßes Heu hat nicht seinesgleichen.

TITANIA: Der kühnste unter meinen Elfen holt
Dir aus des Eichhorns Vorrat frische Nüsse!

ZETTEL: Ich hätt lieber ein, zwei Handvoll trockene Erbsen. Aber ich bitt Euch, laßt keinen von Euren Leuten mich stören. Mich wandelt eine lebhafte Exposition zum Schlaf an.

TITANIA: Schlaf du, und ich nehm dich in meine Arme!
Ihr Elfen geht, und haltet euch entfernt. *(Die Elfen verlassen sie)*
So schlingt die Winde um das süße Geißblatt
Den zarten Arm; die frauliche Efeuranke
Umringt der Ulme Borkenfinger so. –
Wie ich dich liebe! Wie ich für dich schwärme!
        Sie schlafen. Oberon nähert sich und sieht sie an. Puck kommt

OBERON: Willkommen, Puck! Siehst du dies saubere Schauspiel?
Ihr Wahn und Schwärmen weckt nun schon mein Mitleid.
Denn vorhin traf ich sie im Hain; sie suchte
Für diesen eklen Tropf nach süßen Blumen.
Da machte ich ihr Vorwürfe und schalt sie.
Sie hatte ihm die haarige Stirn umwunden
Mit einem Kranz von frischen, duftigen Blumen.
Und jener Tau, der sonst oft auf den Blüten
Wie runde Perlen aus dem Orient blinkt,

Der stand nun in der schönen Blümlein Augen
Wie Tränen über ihre eigne Schande.
Als ich sie nun recht abgekanzelt hatte,
Und sie gar sanft mich um Geduld gebeten,
Verlangte ich den Wechselknaben. – Sie
Gab ihn gleich her und schickte ihren Elf,
Daß er ihn mir in meine Laube führe.
Und nun, da ich den Knaben habe, will ich
Ihr Aug erlösen von dem eklen Blendwerk. –
Du, lieber Puck, lös dann auch diesen Zauber
Vom Kopfe dieses Tropfs da aus Athen;
Daß, wenn er aufwacht wie die Schläfer dort,
Sie alle wieder nach Athen zurückgehn
Und an die Dinge dieser Nacht nicht anders
Mehr denken als an einen hitzigen Alptraum.
Doch erst lös' ich die Elfenkönigin ...   *(Er salbt ihre Augen)*
Sei so, wie du vordem warst.
Sieh so, wie du vordem sahst.
Dianas Blüte schlägt an Ruhme,
Kraft und Güte Amors Blume. –
Titania, Königin, wach auf! Sei wieder da!
TITANIA: Mein Oberon! – Was ich für Traumspuk sah!
    Daß ich verliebt in einen Esel wär' ...
OBERON: Da liegt dein Liebster.
TITANIA: Ach! – Wie ging das her?
    O, wie mir jetzt vor dieser Fratze graut!
OBERON: Still, still! – Du, Puck, nimm diesen Kopf ihm ab.
    Titania, sorg, daß Schlafmusik erschalle
    Und diese Fünf ein tiefer Traum befalle,
    Mehr Tod als Schlaf, der sie vergessen macht.
TITANIA: Musik herbei, einschläfernde Musik!   *(Musik)*
PUCK: Du, Klotz, nimm deinen eignen Kopf zurück.
    Dann glotz mit deinem eignen Eselsblick!
                                    Löst den Eselskopf von Zettel
OBERON: Ertön, Musik!   *(Musik lauter)*
                Du reich die Hand mir nun
    Und wieg den Grund, auf dem die Schläfer ruhn.   *(Sie tanzen)*
    Wir beide sind gut Freund nun neuerlich

Und tanzen morgen mittnacht feierlich
In Herzog Theseus Hause wonniglich.
Und bringen Segen nun und ewiglich.
Theseus wird dort dreifache Hochzeit feiern
Samt diesen Mädchen hier und ihren Freiern.
PUCK: Elfenkönig, horcht und flieht!
Laut tönt schon der Lerche Lied.
OBERON: Laß uns denn, o Königin,
Still zu Nacht und Schatten ziehn.
Um den Erdball fliehn wir dann
Schneller als der Mond es kann.
TITANIA: Komm, mein Herr, und sag mir du
Nun im Flug, wie ging das zu,
Daß man hier mich nächtens traf
Bei den Sterblichen im Schlaf? *Sie verschwinden*
Waldhörner. Theseus, Hippolyta, Egeus und Gefolge kommen
THESEUS: Geh von euch einer, Suchet mir den Förster,
Denn unsre Maienandacht ist zu Ende.
Wir sehn des Tages Vorhut, und mein Lieb soll
Nun die Musik von meinen Hunden hören.
Koppelt sie los im Westtal; laßt sie laufen!
Lauft, sag ich euch, und findet mir den Förster!
(Ein Diener verneigt sich und geht)
Wir, schöne Königin, steigen dort zum Gipfel
Und hören die melodische Verwirrung
Aus Hundsgebell und seinem Widerhall.
HIPPOLYTA: Ich war einmal mit Herkules und Kadmos
Im Wald in Kreta, als sie Bären hetzten
Mit Hunden, die aus Sparta kamen. Nie noch
Hört ich so herrlich Bellen. Nicht der Wald nur,
Die Himmel auch, die Brunnen, alles um uns
War lauter Hall und Widerhall, nie hört ich
So schönen Zwieklang, so harmonischen Donner.
THESEUS: Auch meine Hunde sind von Spartas Schlag;
Sandfarben, Schwere Lefzen, lange Ohren,
Die streifen ab vom Gras den Morgentau;
Krummbeinig, wammig wie Thessaliens Stiere;
Nicht allzu schnell, doch wie ein Glockenspiel

Im Laut gestimmt, stets einer unterm andern.
Melodischer erscholl Gebell noch nie
Zu Halali und hellem Hifthornschall
In Kreta, Sparta oder in Thessalien.
Bald hörst dus selbst. – Doch halt! Wer ist das? – Nymphen?

EGEUS: O Herr! – Die hier schläft, die ist meine Tochter!
Der hier Lysander, dort Demetrius,
Und das ist Helena, des alten Nedar Tochter.
Ich staune, daß sie hier beisammen sind.

THESEUS: Sie standen sicher früh auf, um den Maibrauch
Zu ehren, hörten dann von unsrer Absicht
Und kamen her – zur Feier unseres Fests.
Doch sagt, Egeus, ist nicht heut der Tag,
Da deine Hermia sich entscheiden muß?

EGEUS: Er ists, mein Fürst.

THESEUS: So geht und sagt den Jägern,
Sie solln Sie wecken mit des Hifthorns Ruf.
(Hörner und ein Schrei. Die Liebenden erwachen und fahren auf)
Gut Morgen, Freunde! Sankt Valentin war längst schon!
Paaren sich diese Waldvöglein erst jetzt?

LYSANDER: Vergebt uns, Herr! *Sie knien vor Theseus*

THESEUS: Steht auf, ich bitt euch; alle.
Ich weiß, ihr zwei seid Nebenbuhler, Feinde.
Wie kommt so edle Eintracht in die Welt,
Wie ist der Haß vom Argwohn hier so weit,
Daß er bei Haß schläft und nicht bangt vor Leid?

LYSANDER: Mein Fürst, ich steh Euch Red' erstaunt, entzweit:
Halb wach, halb schlafend … und noch ganz benommen.
Ich schwör, ich weiß nicht, wie ich hergekommen.
Doch denk ich (denn ich will die Wahrheit sagen,
Und nun, da ichs bedenk: So *ist* es auch!)
Ich kam mit Hermia: Wir hatten vor
Zu flüchten aus Athen, an einen Ort,
Wo uns die Drohung des athenischen Rechtes …

EGEUS: Genug, genug, mein Fürst! Ihr habt genug:
Ich fleh dies Recht, dies Recht nun auf sein Haupt!
Sie wollten fliehn! Ja, fliehn, Demetrius! –
Und solcherart so dich wie mich berauben:

Dich um dein Weib, und mich – mich um mein Jawort,
Mich um mein Jawort, das sie dir zum Weib gab.
DEMETRIUS: Mein Fürst, die schöne Helena verriet mir
Den Plan der beiden, hier in diesen Wald
Zu fliehn, und ich lief ihnen nach, aus Wut,
Und mir die schöne Helena aus Liebe,
Doch Herr, ich weiß es nicht, durch welchen Zauber
(Denn Zauber wars) mir meine Lieb zu Hermia
Wie Schnee zerschmolz, daß sie mir nun nur scheint
Wie die Erinnerungen an ein Spielzeug,
In das ich mich als kleines Kind vergaffte.
Und meines Herzens ganze Treu und Kraft,
Sein Gegenstand und meine Augenfreude
Ist einzig Helena! Mit ihr, mein Fürst,
War ich verlobt, schon eh ich Hermia sah:
Doch wie dem Kranken seine liebste Speise
Oft widersteht, so ging es mir mit ihr.
Nun, zum natürlichen Geschmack genesen,
Begehr ich, lieb ich, sehn ich sie herbei
Und will ihr treu sein heut und alle Zeit.
THESEUS: So traf sich alles gut, ihr Liebesleute.
Wir wollen bald noch weitres von euch hören. –
Egeus, dies gilt mehr als Euer Wille,
Denn in dem Tempel sollen die zwei Paare
Zugleich mit uns vereint auf ewig sein.
Und weil der Morgen nun schon halb herum ist,
So blasen wir auch unsre Jagd heut ab.
Fort nach Athen! Dort wolln wir, drei mit drein,
In großer Festlichkeit vereinigt sein.
Komm mit, Hippolyta! *Theseus, Hippolyta, Egeus und Gefolge ab*
DEMETRIUS: Ich seh das alles klein und halb verschwommen,
Wie ferne Berge, die zu Wolken werden.
HERMIA: Mir ist, als sähe ich mit halbem Auge,
Daß alles doppelt scheint.
HELENA: Ja, mir ist auch so!
Ich fand Demetrius, wie einen edlen Stein.
Nun ist er mein. Doch ist ers?
DEMETRIUS: Seid ihr sicher,

Daß wir auch wachen? Denn mir scheint, wir schlafen,
Wir träumen noch. Sagt, denkt ihr, daß der Herzog
Hier war und uns gebot, ihm nachzukommen?
HERMIA: Ja, und mein Vater.
HELENA: Und Hippolyta.
LYSANDER: Und in den Tempel hieß er uns ihm folgen.
DEMETRIUS: Nun gut, so sind wir wach: Wir gehn ihm nach,
Und unterwegs erzähln wir uns die Träume.   *Sie folgen Theseus*
ZETTEL *(erwacht)*: Wenn mein nächstes Stichwort kommt, so ruft
mir, und ich will antworten. Mein nächstes ist: »Du allerschönster
Pyramus!« – Hallooo!   *(Er gähnt und sieht sich um)*
Peter Squenz! Flaut Blasbalgflicker! Schnauz Kesselflicker! Schluk-
ker! Herrgottsakra, alle davongeschlichen und mich hier schlafen
lassen! Ich hab eine höchst seltsame Vision gehabt. Ich hab einen
Traum gehabt, da reicht der Menschenverstand einfach nicht aus zu
sagen, was das für ein Traum war: Der Mensch, der hergeht und diesen Traum zerklären will, der ist einfach ein Esel.   *(Er steht auf)*
Mir war, als wär ich – es gibt keinen Menschen, der sagen kann,
was. *(Faßt sich an die Ohren)* Mir war, als wär ich – und mir war,
als hätt ich – aber der Mensch, der wirklich sagen soll, *was* mir war,
als hätt ichs, der ist weiter nichts als ein buntscheckiger Hanswurst.
Des Menschen Auge hat nicht gehört, des Menschen Ohr hat nicht
gesehen, des Menschen Hand kann nicht schmecken, seine Zunge
kann nicht begreifen noch sein Herz berichten, was mein Traum
war. Ich will Peter Squenz dazu kriegen, daß er diesen Traum als
richtiges Lied aufschreibt. Es soll *Zettels Traum* genannt werden,
damit es im Gedächtnis bleibt und nicht verzettelt wird, und ich
will es ganz am Ende unseres Spiels vor dem Herzog singen. Vielleicht macht es sich noch graziöser. wenn ichs erst nach meinem
Tod singe.   *Geht ab*

2. *Szene*   *In der Hütte des Peter Squenz.*
        Squenz, Flaut, Schnauz und Schlucker.

SQUENZ: Habt ihr zu Zettel ins Haus geschickt? Ist er noch nicht heim-
gekommen?

SCHLUCKER: Es ist nichts von ihm zu hören. Zweifellos ist er trans-
plantiert worden.

FLAUT: Wenn er wirklich nicht kommt, so ist das Spiel verdorben!
Dann gehts doch nicht weiter, nicht?

SQUENZ: Nein, unmöglich! Ihr findet keinen Mann in ganz Athen,
außer Zettel, der den Pyramus so hinkriegt, daß man zu guter Letzt
fühlt: Jetzt ist er wirklich umgebracht.

FLAUT: Nein, er hat schlechterdings den besten Kopf von allen Handwerksleuten in Athen.

SQUENZ: Ja, auch die beste Persönlichkeit; und was seine liebliche
Stimme betrifft, so ist er ein wahres Monster.

FLAUT: »Muster« müßt Ihr sagen. Ein Monster, Gott schütze uns davor, ist ein nichtswürdiges Ding.   *Schnock kommt*

SCHNOCK: Meisters, der Herzog kommt schon aus dem Tempel, und
auch noch zwei oder drei andere Herren und Damen haben sich
verheiratet! Wenns mit unserm Spiel vorangegangen wär, wir
wären allesamt gemachte Männer gewesen.

FLAUT: O du lieber guter Zettel, du! So hast du nun einen Silbersech-
ser pro Tag auf Lebenszeit verloren! Unter einem Sechser pro Tag
wärs nicht abgegangen. Wenn der Herzog ihm für seinen Pyramus
nicht jeden Tag einen Sechser gegeben hätt, dann laß ich mich aufhängen! Er hätt es verdient: Einen Sechser am Tag für den Pyramus,
da gibts doch gar nichts!

ZETTEL *(kommt)*: Wo sind diese Schlingel? Wo sind diese Herzchen?

SQUENZ: Zettel! – O durchlauchtigster Tag! O glückseligste aller Stunden!   *Alle umringen Zettel*

ZETTEL: Meisters, ich habe Wunderdinge zu berichten! Aber fragt
mich nicht, denn wenn ichs euch sage, so will ich kein echter Athener sein. – Ich will euch alles genau sagen, genau wies war.

SQUENZ: Laß uns hören, Zettel, du unser Allerwertester!

ZETTEL: Nicht ein Wort von mir. Alles, was ich euch sagen will ist: Der
Herzog hat schon gespeist. Kriegt eure Kostüme zusammen, gute
Schnüre an eure Bärte, neue Bänder an eure Schuh! Trefft mich un-

verzüglich vor dem Palast; jeder soll seine Rolle durchsehen; denn um es kurz und klein zu sagen, unser Stück kommt auf die Liste! Thisbi soll für alle Fälle reine Wäsche anziehen. Und der den Löwen spielt, der soll sich ja nicht die Nägel schneiden, denn die müssen heraushängen als dem Löwen seine Krallen. Und, meine Lieben, eßt ja keine Zwiebeln und keinen Knoblauch nicht, denn wir sollen einen süßen Hauch von uns geben, und ich zweifle nicht, dann werden wir sie auch sagen hören: »Das ist eine süße Komödie.« Kein Wort mehr. – Fort! Marsch, fort!   *Alle ab*

Fünfter Akt

1. Szene   *Athen. Im Palast des Herzogs. Theseus*
                            und Hippolyta treten auf, gefolgt
                       von Philostrates, Edelleuten, Hofstaat.

HIPPOLYTA: Mein Theseus, diese Liebenden berichten
    Von wahren Wundern.
THESEUS: Wunder mehr als wahr.
    Ich kann an diese uralten Geschichten
    Und diese Elfenmärchen nie recht glauben.
    Verliebte sind wie Narren hitzigen Geistes
    Und schwärmerischen Sinnes, der mehr schaut,
    Als je die kühlere Vernunft begreift.
    Mondsüchtige, Verliebte und Poeten
    Sind eitel Phantasie. Der eine sieht
    Mehr Teufel, als die weite Hölle faßt;
    Das ist der Narr. – Der Liebende, nichts klüger,
    Sieht ein Zigeunerweib als schöne Helena.
    Des Dichters Auge rollt in edlem Wahnsinn,
    Mißt Himmel, Erde und dann wieder Himmel;
    Die Kraft der Einbildung verkörpert ihm
    Das Unbekannte, und des Dichters Feder
    Gibt allem Form und leiht dem Nichts aus Luft
    Auf Erden einen Wohnsitz, einen Namen.
    So üppig ist die starke Phantasie,

Daß sie, kaum daß sie eine Freude spürt,
Auch einen Bringer dieser Freude annimmt.
Oder bei Nacht denkt sie sich Schrecken her.
Wie leicht wird jeder Busch dann gleich ein Bär!
HIPPOLYTA: Doch alles, was sie von der Nacht erzählen
Und ihrer aller Sinn im selben Bann,
Das zeugt von mehr als bloßen Hirngespinsten
Und wird zu etwas, was bestehen bleibt,
Auch wenn es seltsam ist und wundersam.
THESEUS: Da kommen die Verliebten, froh und glücklich!

>   *(Lysander, Demetrius, Hermia und Helena*
>   *treten in lustigem Gespräch auf)*

Glück, Freunde! Glück mit euch! Und jeden Tag
Erneuten Liebessegen!
LYSANDER: Euch noch mehr, Herr!
Auf alle Wege, und auf Tisch und Bett!
THESEUS: Kommt! Was für Spiele oder Tänze solln uns
Die endlosen drei Stunden jetzt vertreiben
Vom Nachtessen bis zum Zubettegehn?
Wo bleibt der Lenker unsrer Lustbarkeiten?
Was gibts zu sehen? Ist kein Schauspiel da,
Das einer bangen Stunde Qual verkürzt?
Ruft den Philostrates.
PHILOSTRATES: Hier, mächtiger Theseus.
THESEUS: Sag, was für Kurzweil hast du für heut abend?
Ein Maskenspiel? Musik? Wie täuschen wir
Die träge Zeit, wenn nicht mit derlei Freuden?
PHILOSTRATES: Hier ist ein Blatt, das alle Spiele angibt,
Man wartet nur auf Eurer Hoheit Wahl.   *Überreicht das Blatt*
THESEUS: »Die Schlacht mit den Kentauren. Lied zur Harfe,
Gesungen von einem Kastraten aus Athen.«
Nein, davon nichts! Das hab ich meiner Braut schon
Zu Ehren meines Vetters Herkules erzählt.
»Der Rausch der wütigen Bacchantinnen, und wie sie
Den großen Sänger Thrakiens zerfleischten.«
Das ist ja alt. Das wurde schon gespielt
Zu meinem Sieg, als ich von Theben heimkam.
»Die Klage der Neun Musen um die kürzlich

Am Bettelstab verstorbene Gelahrtheit.«
Das ist gewiß Satire, keck und beißend,
Für eine Hochzeitsfeier paßt das nicht.
»Ein kurz langweilig Stück vom jungen Pyramo
Und seiner liebsten Thisbi. Tragische Komödie.«
Komisch und tragisch! Langweilig und kurz! – Das
Ist heißes Eis und feuerroter Schnee.
Wie finden wir die Eintracht dieser Zwietracht?
PHILOSTRATES: Es ist ein Stück von etlichen zehn Worten,
So kurz, demnach wie ich nur je eins sah.
Doch, Herr um die zehn Worte ists zu lang
Und deshalb langweilig; im ganzen Stück
Stimmt nicht ein Wort, ist nicht ein Spieler richtig.
Und tragisch ist es wirklich, edler Herr,
Weil Pyramus sich drin das Leben nimmt.
Ich muß gestehn, das Auge ward mir naß,
Als ich die Probe sah, doch lustigere Tränen
Hat lautestes Gelächter nie vergossen.
THESEUS: Wer spielt es denn?
PHILOSTRATES: Athenische Handwerksleute
Mit Schwielen an den Händen von der Arbeit.
Ihr Geist jedoch ist Arbeit nicht gewohnt,
Die haben jetzt ihr ungeübtes Hirn
Mit diesem Spiel zu Eurem Fest zermartert.
THESEUS: Das wolln wir hören!
PHILOSTRATES: Nein, mein edler Herr,
Das ist kein Stück für Euch! Ich habs gehört,
Und es ist nichts, Herr, letztes Nichts auf Erden.
Außer, wenn Euch der gute Wille Spaß macht,
Denn abgerackert haben sie sich redlich,
Um Euch zu dienen.
THESEUS: Ja, ich will das hören,
Denn nie kann etwas ganz und gar verfehlt sein,
Was Einfalt und ein treuer Sinn uns bringt.
Geh, führe sie herein! – Nehmt Platz, ihr Damen! *Philostrates geht*
HIPPOLYTA: Ich seh nicht gerne Armut überfordert
Und Treu an ihrem Dienst zugrundegehen.
THESEUS: Nein, Liebste, und das sollst du auch nicht sehn.

Ein Sommernachtstraum

HIPPOLYTA: Er aber sagt doch, daß sie gar nichts können?
THESEUS: So wolln wir dankbar sein für dieses Nichts
  Und allerlei Versehen gütig nachsehn:
  Wo arme Treue aus eigner Kraft nicht hinreicht,
  Nimmt edler Sinn die Absicht für die Tat.
  In mancher Stadt schon wollten mich Gelehrte
  Mit sorglich einstudierten großen Reden grüßen,
  Doch dann sah ich sie zittern und erblassen;
  Sie machten Pausen, mitten in den Sätzen,
  Verschluckten bang das eingelernte Wort
  Und brachen schließlich ab, verstummten, ohne
  Mich zu begrüßen. Glaube mir, Geliebte,
  Auch dieses Schweigen nahm ich noch als Gruß.
  Mir sagt die Schüchternheit verlegener Treue
  Nicht weniger als die geschwätzige Zunge
  Der dreisten, wendigen Beredsamkeit.
  Der Liebe und Einfalt fällt das Reden schwer,
  Doch sagen sie je weniger, desto mehr.
PHILOSTRATES *(kommt zurück)*: Beliebt es Eurer Hoheit? Der Prologus
  Ist nun bereit.
THESEUS: Dann soll er nur beginnen.
                Vor den Vorhang tritt Squenz als Prolog
SQUENZ: Falls wir euch nicht gefalln, so wollen wir das gern.
  Bedenkt, uns liegt nichts dran! Euch zu mißfallen,
  Mit Kunst und Fleiß, ihr Damen und ihr Herrn,
  Das ist von Anfang an der Endzweck von uns allen.
  Erwägt: was soll dies Spiel? Euch hier zu ärgern fein,
  Das gilt es. Nicht, um euch hier zu ergetzen,
  Kamen wir her. – Zu eurer Lust allein
  Niemals! – Daß wir in Reu euch hier versetzen,
  Dies ist der Spieler Wunsch. Ihr werdet das gleich sehen
  Und alles, was für euch verständlich ist, verstehen.
THESEUS: Dieser Bursche stellt sich nicht mit einzelnen Punkten her.
LYSANDER: Er hat seinen Prolog geritten wie ein unbändiges Füllen,
  Herr. Ein wilder Satz nach dem andern; er weiß nicht, wo es heißt
  Haltmachen, Punctum. Und die Moral: Sprechen genügt nicht, man
  muß auch richtig sprechen.
HIPPOLYTA: Ganz recht. Er hat seinen Prolog gespielt wie ein Kind

eine Flöte: Geräusche, aber kein einziger richtiger Ton.

THESEUS: Seine Rede war wie eine verwickelte Kette: nirgends abgerissen, aber überall durcheinander. Wer kommt als nächster?

Vor den Vorhang treten Pyramus und Thisbe, Wand, Mondschein
und Löwe zu stummer Pantomime. Squenz stellt sie vor

SQUENZ: Ihr edlen Leute, falls ihr staunen müßt,
Bestaunt nur dieses Spiel, bis Wahrheit es verklärt.
Der Mann ist Pyramus, daß ihr's nur wißt,
Und diese Dame Thisbi schön und wert.
Der Mann mit Mörtel hier und Kalk tut präsentieren
Die Wand, die garstige Wand, die beider Liebe trennt. –
Wie durch ihr Loch die Armen leis' parlieren,
Weiß jeder, welcher die Geschichte kennt.
Der, mit Latern und Hund und Busch vom Dorn,
Der stellt den Mondschein vor, denn ihr müßt wissen,
Bei Mondschein hatten die zwei sich geschworn,
An Ninus Grab zu treffen sich und küssen.
Dies grimme Tier mit Namen Löwe heißt,
Das hat die Thisbi treu, die nachts als erster kam,
Verschreckt, ich mein erscheucht, so daß sie Reißaus nahm.
Und wie sie lief, da fiel ihr Mantel flugs,
Den dieser schnöde Löw mit blutgem Mund färbt rot.
Sogleich kommt Pyramus, jung, schön, von hohem Wuchs
Und findet seiner treuen Thisbi Mantel tot.
Drauf er sein Schwert, sein blutig böses Schwert
Brav bohrt durch seine brennend blutge Brust,
Und Thisbi, die aus Maulbeerschatten wiederkehrt,
Zückt seinen Dolch und stirbt. – Zu End die Lust!
Den Rest solln Mondschein, Löw und Wand und Liebespaar
In ihrem Dialog ausführlich stellen dar.

THESEUS: Mich wundert nur, ob der Löwe sprechen wird.

DEMETRIUS: Kein Wunder, Herr: warum nicht ein Löwe, wenn so viele Esel es tun?

Alle Spieler außer Wand und Pyramus gehen ab,
Wand tritt vor

WAND: In diesem selben Stück, wie allgemein bekannt,
Spiel ich, Tom Schnauz mit Namen, eine Wand,
Und eine Wand, von welcher ist der Witz,

Daß sie ein Loch hat, nämlich einen Ritz,
Durch welchen Pyram' und die Thisbi sein,
Die Liebesleut, oft heimlich wispern fein.
Lehm, Mörtel hier und Stein, die zeigen klar,
Daß ich die Wand bin. Glaubt mir, das ist wahr.
Dies ist der rechte Ritz, ein linkes Ding zugleich:
Verzagter Liebesleute Flüsterreich!

THESEUS: Kann man verlangen, daß Kalk und Haar besser sprechen?

DEMETRIUS: Das ist die gewandteste Wand, die je einen Text zum besten gab, Herr. *Pyramus tritt vor*

THESEUS: Pyramus wandelt auf die Wand zu; still!

PYRAMUS: O Nacht, so schwarz gefärbt! Mit grimmer Miene Nacht!
O Nacht, die immer, wenns nicht Tag ist, währt!
O Nacht, o Nacht! Ach, ach und Aberacht!
Hält meine Thisbi ihren Schwur noch wert?
Und du, o Wand, o liebe, süße Wand,
Die zwischen mein und ihres Vaters Grund tust stehn,
Du Wand, o Wand, o liebste, süße Wand,
Zeig deinen Schlitz, den Ritz, hineinzusehn!
                                    (Wand hält die Finger hoch)
Dank, wohlgeneigte Wand! Mög Zeus es lohnen dir!
Jedoch, was seh ich? – Meine Thisbi nicht!
O böse Wand! Was zeigst du sie nicht mir?
Verflucht sei'n deine Stein'! du täuschest mich!

THESEUS: Ich finde, die Wand, da sie doch Gefühl hat, muß zurückfluchen.

PYRAMUS: Nein, fürwahr, Herr, das muß sie nicht! Denn »Täuschest mich« ist der Thisbi ihr Stichwort: Sie hat jetzt aufzutreten, und ich habe sie durch die Wand zu erspähen. Ihr sollt sehen, es wird haargenau so ergehen, wie ich Euch gesagt habe. Da drüben kommt sie schon! *Thisbe tritt auf*

THISBE: O Wand, wie oft hört'st du die Seufzer mein,
Weil du uns trennst, schön Pyramus und mich.
Mit Kirschenlippen küss ich deine Stein,
Dein Stein, Haar, Kalk, vermörtelt gut in dich.

PYRAMUS: Ich seh ein' Stimm'! Gleich will ich an das Loch,
Zu spähn, ob ich nicht meiner Thisbi Antlitz hör.
Thisbi!

THISBE: Mein Liebster! Denn ich glaub, du liebst mich noch?
PYRAMUS: Glaub, was du willst: ich bin dein liebster Grandseigneur
    Und wie Limander bin ich treu dir mehr und mehr.
THISBE: Ich dir wie Helena, bis mich sticht der Parzen Scher.
PYRAMUS: Selbst Schefelus war seiner Procrus nicht so treu!
THISBE: Wies Scheflus Procrus war, bin ichs dir stets aufs neu!
PYRAMUS: O, küß mich durch das Loch von dieser grausen Wand!
THISBE: Mein Kuß küßt nur das Loch, nicht deiner Lippen Rand.
PYRAMUS: Willst an des Minus Grab mich schnurstracks treffen du?
THISBE: Seis lebend oder tot, ich komm im Nu!

                             Pyramus und Thisbe ab

WAND: So hab ich Wand nun mein Geschäft beendet,
    Worauf sich Wand zu ihrem Abtritt wendet.   *Geht ab*
THESEUS: Jetzt ist also die Scheidewand zwischen den zwei Nach-
    barsleuten ausgefallen – oder eingefallen?
DEMETRIUS: Das ist nicht zu ändern, gnädiger Herr. Wenn Wände so
    lange Ohren haben, dann haben Sie auch ausgefallene Einfälle.
HIPPOLYTA: Das ist das einfältigste Zeug, das ich je gehört habe.
THESEUS: Auch die besten Spiele dieser Art sind nur Schatten, und die
    schlechtesten sind nicht schlechter, wenn die Kraft der Einbildung
    nachhilft.
HIPPOLYTA: Dann muß es also deine Einbildung sein, und nicht die
    ihre?
THESEUS: Wenn wir uns in Bezug auf sie nicht weniger einbilden als
    sie von sich selbst, so können sie als treffliche Männer gelten. –
    Hier kommen zwei edle Bestien, seht: ein Mond und ein Löwe.

                    Löwe und Mondschein treten auf

LÖWE: Ihr Damen, deren zarte Herzen schlagen,
    Wenn kleinste Maus am Boden kriechen tut,
    Ihr könntet leicht erbeben und verzagen,
    Wenn Löwe rauh nun brüllt in wilder Wut.
    Drum wißt: nur Schnock, der Schreiner, ist mein Name!
    Ich bin kein grimmer Löw und keines Löwen Dame.
    Und käm als wahrer Löw zu dieser Zeit
    Ich her zum Kampf: Mir wär mein Leben leid!
THESEUS: Eine höchst sanftmütige Bestie, und sehr rücksichtsvoll.
DEMETRIUS: Die beste aller Bestien, die ich jemals sah, gnädiger Herr.
LYSANDER: Dieser Löwe ist ein wahrer Fuchs an Mut.

                                   Ein Sommernachtstraum

THESEUS: Stimmt. – Und eine Gans an Klugheit.

DEMETRIUS: Nicht doch, gnädiger Herr! Denn all sein Mut macht uns doch seine Klugheit nicht zum Genuß, wie der Fuchs die Gans zu seinem Genuß macht.

THESEUS: Aber doch sicher auch nicht seine Klugheit seinen Mut; denn die Gans genießt keinen Fuchs. Nun gut, überlaßt es seiner Klugheit, dessen zu genesen; und hören wir dem Mond zu.

MONDSCHEIN: »Die Hornlaterne hier zeigt den gehörnten Mond …«

DEMETRIUS: Er hätte seine Hörner auf dem Kopf tragen sollen.

THESEUS: Er ist doch kein Sichelmond! Seine Hörner stecken unsichtbar in seinem runden Kopf.

MONDSCHEIN *(ärgerlich)*:
Die Hornlaterne hier zeigt den gehörnten Mond,
Ich selbst der Mann im Mond zu seien schein …

THESEUS: Das ist von allen Irrtümern der größte. Der Mann müßte in die Laterne hineingesteckt werden. Wie kann er sonst der Mann im Mond sein?

DEMETRIUS: Da wagt er sich nicht hinein, wegen der Kerze. Denn, seht Ihr, die flackert so schon ganz wütend!

HIPPOLYTA: Ich habe diesen Mond satt, ich wollte, er veränderte sich.

THESEUS: Ein großes Licht scheint er ja nicht zu sein. Demnach ist er wohl im Abnehmen begriffen. Doch wie dem auch sei, höflichkeits- und ordnungshalber müssen wir nun schon bis zu Ende bleiben.

LYSANDER: Mond, fahre fort!

MONDSCHEIN: Ich hab weiter gar nichts zu sagen, als euch zu erklären, daß die Laterne der Mond ist, ich der Mann im Mond, dieser Dornbusch mein Dornbusch und dieser Hund mein Hund.

DEMETRIUS: Ja, dann sollte das alles in der Laterne sein, denn das alles ist doch im Mond. Doch still! Hier kommt Thisbe.

Thisbe tritt auf. Löwe und Mondschein ziehen den Vorhang zur Seite und enthüllen ein Plakat mit der Aufschrift »Des Ninus Grab«

THUSBE: Das ist des alten Ninus Grab. Wo ist mein Heißgeliebter? …

LÖWE *(brüllt)*: O!   *Thisbe wirft ihren Mantel weg und läuft davon.*

DEMETRIUS: Gut gebrüllt, Löwe!

THESEUS: Gut gelaufen, Thisbe!

HIPPOLYTA: Gut geschienen, Mond! In der Tat, der Mond scheint recht anmutig.   *Der Löwe zerreißt Thisbes Mantel*

THESEUS: Gut gemaust, Löwe!

DEMETRIUS: Und dann kam Pyramus.   *Pyramus tritt auf. Löwe ab*
LYSANDER: Und da verschwand der Löwe.
PYRAMUS: Ich dank dir, süßer Mond, für deine sonnigen Strahlen,
Denn süße Kost verheißet mir dein Schein,
So gnädig, glitzernd, golden und opalen:
Den trauten Anblick der getreusten Thisbi mein!

Doch halt, o Harm!
Ich Ritter arm!
Was für ein Graus ist dies?
Sagt, Augen mein, Wie kann das sein?

Mein Gott! Mein Küchlein süß!
Dein Mantel gut
Befleckt mit Blut?
Naht, Furien, mit Gebraus!
Ihr Parzen dreist,
Den Faden reißt!
Trennt, schert, würgt, löscht ihn aus!
THESEUS: Dieses Leid und der Tod einer teuren Freundin reichten
schon, daß ein Mann traurig dreinschaut.
HIPPOLYTA: Wirklich, der Mann bricht mir das Herz!
PYRAMUS: Weh dir, Natur! – Wer hieß dich Löwen bauen?
Da so ein schnöder Löw mein Lieb hat defloriert,
Sie ist – nein, nein, sie war – die schönste aller Frauen,
Die je gelebt, geliebt, gelabt und inspiriert.

Komm Tränenflor!
Komm Schwert, durchbohr
Die Brust dem Pyramo,
Die linke Warz,
Wo hüpft das Harz ...   *(Er ersticht sich)*
So sterb ich: So! so! so!
Tot bin ich schon,
Der Not entflohn,
Mein Seel, den Himm'l erwirb!
Mein Mund, erlisch!
Du, Mond, entwisch!
Nun stirb, stirb, stirb, stirb, stirb!   *(stirbt)*

Ein Sommernachtstraum

DEMETRIUS: Der ist aber auf Stich gekommen! Höher gehts gar nicht!
Er ist ein As!

LYSANDER: Nein, er hat ausgespielt. Er ist unten durch, Demetrius,
denn er ist tot. Er ist nichts.

THESEUS: Geduld. Das Spiel ist noch nicht aus. Vielleicht sticht er
auch so noch seine Dame aus! Erst wenn die Chirurgen ihn in die
Hände bekommen, dann wird er ein *Aas.*

HIPPOLYTA: Wieso ist der Mondschein gegangen, ehe Thisbe zurück-
kommt und ihren Liebhaber findet?

THESEUS: Sie wird ihn bei Sternenschein finden. Hier kommt sie, und
ihre Klage beendet das Spiel.   *Thisbe tritt auf*

HIPPOLYTA: Ich dächte, um so einen Pyramus brauchts keine lange
Klage. Ich hoffe, sie faßt sich kurz.

DEMETRIUS: Es tut einem die Wahl weh, wer kläglicher ist, Pyramus
oder Thisbe. Er als Mann – Gott helf uns! Sie als Frau – Gott gnade
uns!

LYSANDER: Sie hat ihn schon erspäht, mit diesen süßen Augen!

DEMETRIUS: Und nun klagt sie also:

THISBE: Ach, schläft mein Matz?
Was? Tot mein Schatz?
O Pyramus, erwach!
O sprich! Nein, stumm.   *(Sie enthüllt sein Gesicht)*
Tot, tot. Warum?
Es brach dein Auge, ach!

Wer liebt, der weint,
Denn nie mehr scheint
Dein Aug wie Schnittlauch grün,
Mund lilienweiß,
Nas' kirschenrot,
Ein Grab deckt euer Blühn!

Ihr Schwestern greis,
Mit Händen weiß
Wie Milch, eilt her zu dritt!
Rot blutet er,
Weil eure Scher
Sein Lebenslicht durchschnitt.

Schweig, Zunge, still!
Komm, Schwert, und ziel:
Durchstich des Busens Schnee! *(ersticht sich)*
Lebt wohl, ihr Herrn!
Thisbi stirbt gern:
Ade, ade, ade. *(stirbt)*

THESEUS: Mondschein und Löwe sind übriggeblieben, um die Toten zu begraben.

DEMETRIUS: Ja, und die Wand auch.

ZETTEL: Nein, sag ich euch! die Wand ist eingefallen, die ihre Väter trennte. Beliebt es euch, den Epilog zu sehen, oder einen Bergomasker Tanz zwischen zweien aus unserer Gesellschaft zu hören?

THESEUS: Keinen Epilog, ich bitt euch; denn euer Spiel bedarf keiner Entschuldigung. Entschuldigt euch nie, denn wenn die Spieler alle tot sind, dann kann man keinen zur Rede stellen. Meiner Treu, wenn der, der das geschrieben hat, den Pyramus gespielt und sich an Thisbes Strumpfband erhängt hätte, das wäre eine feine Tragödie gewesen! Und auch so ist es eine, auf Ehre, und gespielt war sie höchst bemerkenswert. Doch kommt, euren Bergomasker! – Den Epilog laßt sein.

Mondschein und Wand tanzen den Bergomasker und gehen ab
Theseus steht auf

THESEUS: Der eherne Mund der Mitternacht sprach Zwölf.
Zu Bett, Verliebte! Gleich ists Elfenzeit.
Ich fürcht, wir werden morgen früh verschlafen
Soviel, wie wir von dieser Nacht durchwachten.
Wie so ein plumpes, grobes Spiel doch ablenkt
Vom schweren Gang der Nacht! – Zu Bett, ihr Freunde!
Noch vierzehn Tag währt diese Festlichkeit,
Und Nacht für Nacht gibts neue Lustbarkeit.

Alle ab. Puck tritt auf

PUCK: Hungrig brüllt der Löwe nun,
Und der Wolf beheult den Mond,
Schnarchend darf der Bauer ruhn,
Schwer vom Pflug, den er gewohnt.
Nun verglüht der Span am Herd,
Und das Käuzchen schreit so schrill,
Daß den Kranken Angst durchfährt,

Weil er noch kein Bahrtuch will.
Nun klafft auf in nächtger Stund
Weithin aller Gräber Mund,
Und Gespenster aus dem Grund
Schweben um den Kirchhof rund.
Und wir Elfen von der Brut
Hekates, der Dreigestalt,
Die mit ihr vor Sonnenglut
Traumgleich fliehn in Nacht und Wald,
Wir sind froh nun: Keine Maus
Störe dies gefeite Haus!…
Mich schickt man mit Besen vor,
Den Staub zu fegen hinters Tor.

Oberon, Titania und die Elfen kommen

OBERON: Füllt das Haus mit Glimmerlicht,
    Schläft und stirbt das Feuer auch.
    Jeder Gnom und Elfenwicht
    Hüpfe leicht wie Fink vom Strauch.
    Singt mir nach und tanzt mir fein
    Nun dies Lied im Ringelreihn:
TITANIA: Elfen, übt erst euren Sang!
    Jedem Wort sein Trillerklang!
    Hand in Hand mit Lied und Wort   *Gesang und Tanz*
OBERON: Bis es Tag wird, Elfenheer,
    Streift durchs Haus nun kreuz und quer
    Bis zum besten Brautbett frei,
    Das von uns gesegnet sei.
    Und den Kindern, hier gezeugt,
    Bleib das Glück stets wohlgeneigt.
    Auch die Paare, alle drei,
    Solln sich immer lieben treu.
    Ihren Erben spart die Spur
    Jeder Ungunst der Natur:
    Hasenscharte, Warze, Narbe,
    Male von besondrer Farbe,
    Die man haßt an jedem Kind,
    Nie man an den ihren find!
    Jedem Elf ist nun bestellt:

Bringt mit heilgem Tau vom Feld
Jeder Kammer, jedem Saal
Glück und Frieden allzumal;
Sicherheit und gute Ruh
Teilt dem Herrn des Hauses zu!
Kreuz und quer!
Ruht nicht mehr!
Erst wenns Tag wird, kommt hierher!

Oberon, Titania und Gefolge ab

PUCK: Wenn wir Schatten euch mißfielen,
    Denkt zum Trost von diesen Spielen,
    Daß euch hier nur Schlaf umfing,
    Als das alles vor sich ging.
    Dies Gebild aus Schaum und Flaum
    Wiegt nicht schwerer als ein Traum;
    Drum verzeiht, was ihr gesehn,
    Dann solls künftig besser gehn.
    Wenn wir zornigem Schlangenzischen
    Mit mehr Glück als Recht entwischen,
    Schwör ich, Puck, bei meiner Ehr':
    Bald kommt etwas Bessres her!
    Sonst will Puck ein Lügner sein! –
    Nun gut Nacht! – Doch haltet ein:
    Klatscht erst Beifall unserm Stück!
    Dann bringt Puck euch nichts als Glück.   *Ab*

Zwölfte Nacht oder Was ihr wollt

Personen

Orsino, HERZOG von Illyrien
SEBASTIAN, ein junger Edelmann, Bruder Violas
ANTONIO, Sebastians Freund, ein Kapitän
VALENTIN ⎫
CURIO ⎭ Herren am Hof des Herzogs
Junker TOBIAS Rülps, ein Onkel Olivias
Junker ANDREAS Schmerzwang
MALVOLIO, Haushofmeister Olivias
FABIAN ⎫
NARR ⎭ Bedienstete Olivias
Ein KAPITÄN, Freund Violas
OLIVIA, eine reiche Gräfin
VIOLA, verliebt in den Herzog
MARIA, Olivias Kammerjungfer
Hofherren, ein Priester, Matrosen, Offiziere,
Musikanten und anderes Gefolge

Ort der Handlung: Eine Stadt in Illyrien und die nahe Meeresküste

Erster Akt

1. Szene

*Im Palast des Herzogs. Herzog, Curio,
Herren vom Hof, begleitet von Musikanten.*

HERZOG: Wenn die Musik der Liebe Nahrung ist,
Spielt weiter! Mehr und mehr! daß übersättigt
Mein Appetit erkranke und dran sterbe.
Die Weise nochmals! – hört, wie sie dahinstirbt:
Ah, die ergriff mein Ohr wie süßer Südwind,
Der haucht auf einen Abhang voller Veilchen
Und Düfte stiehlt und gibt. – Genug! nicht mehr!
Es ist nicht länger so süß wie vorher.
O rascher, launischer Geist der Liebe! nichts
– Wenn du auch wie der Ozean alles aufnimmst –
Strömt ein in dich, das nicht schon nach Minuten
Gleichviel, wie stark und hoch es war, im Wert
Zu niedrem Preis fällt; so voll Eigensinn
Ist Liebe, daß nur sie zum Sinn sich eignet.
CURIO: Geht Ihr nicht jagen, Herr?
HERZOG: Was, Curio?
CURIO: Den Hirsch.
HERZOG: Ach, ja; ein edles Wild. Mir liegts am Herzen:
Als ich zuerst Olivia sah, da wars mir,
Als heile sie die Luft von jedem Gifthauch;
Und ich war augenblicks zum Hirsch verwandelt,
Und grausam reißenden Hunden gleich verfolgen
Meine Begierden mich seither.   *(Valentin kommt)*
                        Was sagt sie?
VALENTIN: Herr, mit Verlaub: man ließ mich gar nicht vor;
Doch bringe ich Antwort von ihrer Jungfer:
Sogar die Luft soll, bis sieben Jahr verglühn,
Nicht unbehindert ihr Gesicht schaun, sondern
Verschleiert will sie gehn wie eine Nonne
Und jeden Tag einmal ihr Zimmer wässern
Mit Salzwasser, das brennt im Aug, zu würzen
Die Lieb zu ihrem toten Bruder, die sie
Frischhalten will zum traurigen Gedenken.

HERZOG: Ach, sie, die ein so feingefügtes Herz hat,
   Das schon dem Bruder soviel Liebe zeigt,
   Wie wird sie lieben, wenn der reiche Goldpfeil
   Erst alle anderen Neigungen erlegt,
   Die in ihr leben; wenn Hirn, Herz und Leber,
   All jene hohen Throne, ganz erfüllt sind
   Von einem einzigen, der König ist!
   Lauft mir voraus: zu süßen Blumen hin,
   Die sei'n dem Liebestraum ein Baldachin.   *Alle ab*

2. Szene

An der Küste.
Viola, Kapitän und Matrosen.

VIOLA: Freunde, was ist das für ein Land?
KAPITÄN: Das ist Illyrien, Fräulein.
VIOLA: Und was fang ich nun in Illyrien an?
   Mein Bruder, der ist in Elysium.
   Vielleicht fügt es der Zufall, daß er doch nicht
   Ertrunken ist. – Matrosen, was meint *ihr*?
KAPITÄN: Der Zufall fügt, daß *Ihr* gerettet wurdet.
VIOLA: Mein armer Bruder! Doch der Zufall kann auch
   Sein Retter sein.
KAPITÄN: Ja, Fräulein, und, daß Euch der Zufall tröste,
   Wißt dies: Als unser Schiff zerbrochen war,
   Als Ihr und die paar, die mit Euch entkamen,
   Sich klammerten an unser treibendes Boot,
   Da sah ich Euren Bruder, voll Voraussicht
   In der Gefahr, wie er sich festband (Mut
   Und Hoffnung beide gaben ihm das ein)
   An einen starken Mast, der auf der Flut trieb.
   Da sah ich ihn wie Arion auf dem Rücken
   Seines Delphins vertraut tun mit den Wellen,
   Solang ich sehen konnt.
VIOLA: Da: Gold für dieses Wort!
   Denn *meine* Rettung weckt mir ja die gleiche
   Hoffnung, die deine Rede nun bekräftigt,

Für ihn. Kennst du dies Land?

KAPITÄN: Ja, Fräulein, gut; denn
Ich bin geboren hier und großgezogen
Keine drei Stunden weit von dieser Stelle.

VIOLA: Und wer regiert hier?

KAPITÄN: Ein Herzog. Edel von Gemüt wie Abkunft.

VIOLA: Was ist sein Name?

KAPITÄN: Orsino.

VIOLA: Orsino! Ja, den nannte mir mein Vater.
Er war damals ein Junggeselle.

KAPITÄN: Ja,
Er ist's noch oder war es bis vor kurzem,
Denn ich fuhr hier erst ab vor einem Monat,
Da hieß es eben (denn, Ihr wißt, was Große
Tun, davon schwatzen immer gern die Kleinen),
Daß er um schön Olivias Liebe werbe.

VIOLA: Wer ist sie?

KAPITÄN: Ein feines Fräulein, Tochter eines Grafen,
Der starb vor einem Jahr, ließ sie zurück
Im Schutze seines Sohnes, ihres Bruders,
Und *der* starb unlängst auch; aus Liebe zu ihm,
Heißt's, schwor sie ab dem Umgang und dem Anblick
Von Männern.

VIOLA: Ach, könnt ich *dem* Fräulein dienen
Und wär nicht aller Welt gleich ausgeliefert,
Eh ich den Anlaß reifen laß, zu sagen,
Von welchem Stand ich bin.

KAPITÄN: Das dürfte schwer sein,
Denn sie will keinerlei Besuch empfangen.
Nein, nicht einmal vom Herzog.

VIOLA: Du, Kapitän, hast etwas Edles an dir,
Und wenn auch die Natur mit schönem Äußern
Oft nur Verderb verhüllt, will ich von dir doch
Glauben, du habest einen Geist, der paßt
Zu deiner edlen äußeren Erscheinung.
Ich bitt dich (und ich wills dir reichlich lohnen),
Geheim halt, was ich bin, und sei mein Helfer,
Mich zu verkleiden, meinen Plan zu fördern.

Denn ich will diesem Herzog dienen. Du sollst
Mich ihm empfehlen als Eunuch. Das könnte
Die Müh dir lohnen. Denn ich kann mit Singen
Und mancherlei Musik sein Ohr erreichen,
Daß er mich wohl wert findet, ihm zu dienen.
Was weiter wird, das soll die Zeit mir zeigen,
Nur brauche ich für meinen Plan dein Schweigen.

KAPITÄN: Seid *Ihr* Eunuch, dien *Euch* als Stummer *ich.*
Sag ich ein Wort, so schlage Blindheit mich!

VIOLA: Dank dir! – So führ mich hin. *Beide ab*

3. Szene

Zimmer in Olivias Haus.
Junker Tobias und Maria.

TOBIAS: Was zum Teufel fällt meiner Nichte ein, von ihres Bruders Tod
so viel herzumachen? Ich bin sicher, der Kummer ist ein Feind des
Lebens.

MARIA: Meiner Treu, Junker Tobias, Ihr müßt nachts zeitiger nach
Hause kommen. Euer Fräulein Nichte hat an Euren unschicklichen
Stunden etwas auszusetzen.

TOBIAS: Ach, sie soll mit dem Aussetzen aussetzen.

MARIA: Ja, aber für Euch wäre ein ordentliches Betragen kleidsamer …

TOBIAS: Kleidsamer? – Ich will mich nicht besser kleiden, als ich bin.
Diese Kleider sind gut genug, um drin zu trinken, und die Stiefel
auch. Wenn nicht, so sollen sie sich an ihren eigenen Riemen aufhängen!

MARIA: Das Bechern und Trinken richtet Euch noch zugrunde! Gestern erst hörte ich mein Fräulein davon sprechen; und auch von einem tölpelhaften Junker, den Ihr eines Abends als Freier herge-
bracht habt.

TOBIAS: Wen? Den Junker Andreas Schmerzwang?

MARIA: Ja, den.

TOBIAS: Das ist ein so großer Mann wie nur irgendeiner in ganz Illyrien!

MARIA: Und was soll das?

TOBIAS: Ha, er hat dreitausend Dukaten in *einem* Jahr!

MARIA: Ja, aber wird er in einem Jahr noch dreitausend Dukaten haben? Er ist ein rechter Tölpel und Verschwender.

TOBIAS: Pfui, daß Ihr das sagt! Er spielt Euch die Paßgeige, und er spricht drei, vier Sprachen Wort für Wort ohne Buch, und er hat Gaben; er hat was im Kopf!

MARIA: Ja, er hat wirklich was im Kopf. Denn außer, daß er ein Tölpel ist, ist er auch ein großer Raufbold, und hätt er nicht die Gabe der Feigheit, um seine Rauflust zu mildern, so hätt er nach Ansicht aller klugen Leute gar bald die Gabe eines Grabes.

TOBIAS: Bei meiner Faust, das sind Schufte und Verleugner, die so von ihm reden! Wer sind die denn?

MARIA: Die, die auch sagen, er betrinkt sich mit Euch jeden Abend …

TOBIAS: Weil wir auf meiner Nichte Gesundheit trinken! Ich trink auf sie, solang ich schlucken kann und es in Illyrien was zu trinken gibt. Schuft der und Taugenichts, der auf meine Nichte nicht trinken will, bis sich sein Hirn auf einem Bein dreht wie ein Brummkreisel! – Still, Mädchen! Castiliano vulgo! Denn da kommt er, der Junker Andreas Schmerzwang!   *Junker Andreas tritt auf*

ANDREAS: Junker Tobias Rülps! Wie gehts, Junker Tobias Rülps?!

TOBIAS: Mein lieber Junker Andreas!

ANDREAS: Gott segne Euch, schöne Hexe!

MARIA: Euch gleichfalls, Junker.

TOBIAS: Avanti, Andreas, avanti!

ANDREAS: Was ist das?

TOBIAS: Meiner Nichte Kammerjungfer.

ANDREAS: Meine gute Jungfer Avanti, ich möchte Euch gern kennenlernen.

MARIA: Mein Name ist Maria, Herr.

ANDREAS: Meine gute Jungfer Maria Avanti …

TOBIAS: Ihr mißversteht mich, Junker: »Avanti«, das heißt voran! Drauf und dran, entehre sie, umwirb sie, bestürme sie!

ANDREAS: Meiner Treu, in dieser Gesellschaft würde ich sie doch nicht vornehmen. *Das* heißt also »Avanti«?

MARIA: Lebt wohl, meine Herren.

TOBIAS: Wenn du sie so fortgehn läßt, Junker Andreas, so wollt' ich, du dürftest nie wieder den Degen ziehen!

ANDREAS: Wenn Ihr so fortgeht, Jungfer, so wollt' ich, ich dürfte nie wieder den Degen ziehen. Schönes Fräulein, glaubt Ihr denn, Ihr habt Narren an der Hand? *Er hält sie immer noch fest*

MARIA: Ich hab Euch ja nicht an der Hand, Junker.

ANDREAS: Nein, meiner Treu, aber du sollst mich haben! Da ist meine Hand!

MARIA: Nun, Junker, »die Gedanken sind frei«. Ich bitt Euch, bringt Eure Hand in die Molkenkammer und laßt sie trinken.

ANDREAS: Warum denn, mein Herz? Was soll Euer Gleichnis?

MARIA: Eure Hand ist recht dürr und trocken, Herr.

ANDREAS: Das will ich meinen: So ein Esel bin ich noch nicht, daß ich nicht einmal meine Hand trockenhalten kann! Aber was ist Euer Humor da?

MARIA: Ein trockener Humor, Herr.

ANDREAS: Seid Ihr voll solcher Scherze?

MARIA: Ja, Herr, ich hab an jedem Finger einen. Seht, jetzt lasse ich Eure Hand gehen und geh leer aus. *Ab*

TOBIAS: Ach, Junker, dir fehlt ein Stutzen kanarischer Sekt! Wann hab ich je gesehen, daß du dich so unterkriegen ließest?!

ANDREAS: Nie im Leben, glaub ich, außer wenn Ihr gesehen habt, wie mich der kanarische Sekt unterkriegt. Manchmal glaub ich wirklich, ich hab nicht mehr Verstand als ein ganz gewöhnlicher Christenmensch. Aber ich habe eine Schwäche fürs Rindfleischessen, und ich glaube, das schadet meinem Verstand.

TOBIAS: Ohne Frage.

ANDREAS: Wenn ich das sicher wüßte, so würde ich geloben, keins mehr zu essen. Ich will morgen nach Hause reiten, Junker Tobias.

TOBIAS: Pourquoi, mein lieber Junker?

ANDREAS: Pourquoi? Was heißt das? Heißt das, ich *soll* reiten, oder ich soll *nicht* reiten? Ich wollt, ich hätt die Zeit auf die Sprachen verwendet, die ich mit Fechten, Tanzen und Bärenhetzen zugebracht hab! Hätt ich mich nur auf die schönen Künste verlegt!

TOBIAS: Ja, da hättest du ganz prächtige Haare.

ANDREAS: Wieso? Wären davon meine Haare besser geworden?

TOBIAS: Keine Frage, denn du siehst, bloß von Natur aus will sich's nicht zu Locken kräuseln.

ANDREAS: Aber es steht mir doch recht gut, oder nicht?

TOBIAS: Ganz prächtig: hängt an dir herab wie der Flachs vom Spinnrocken. Ich hoff nur, ich sehs noch, daß eine Hausfrau dich zwischen die Beine nimmt und es dir herunterspinnt.

ANDREAS: Meiner Treu, ich will morgen nach Hause, Junker Tobias! Eure Nichte will sich nicht sehen lassen, und sogar wenn, so ists vier zu eins, daß sie von mir nichts wissen will. Der Graf selber, gleich hier Euer Nachbar, wirbt doch um sie.

TOBIAS: Vom Grafen will sie nichts wissen; sie will nicht aufwärts heiraten, weder an Rang, noch an Jahren, noch an Verstand; das hab ich sie schwören hören. Kopf hoch, da kann noch was werden, Mann!

ANDREAS: So bleib ich noch einen Monat. Ich bin ein Mensch von der seltsamsten Denkungsart der Welt. Manchmal freut mich nichts so sehr wie Maskeraden und Fastnachtsspiele.

TOBIAS: Bist du gut in solchen Possen, Junker?

ANDREAS: So gut wie nur irgendeiner in Illyrien, ganz gleich wer; außer natürlich, wenn er vornehmer ist als ich. Und doch, mit einem Alterfahrenen will ich mich nicht vergleichen.

TOBIAS: Wie gut bist du in der Gaillarde, Junker?

ANDREAS: Meiner Treu, ich kann hüpfen wie ein Floh.

TOBIAS: Da könnt dir aber ein Floh Konkurrenz machen.

ANDREAS: Und den Katzensprung, den kann ich aufs Haar so hoch, wie nur irgendein Mann in Illyrien.

TOBIAS: Vergiß nur nicht, von einem Katzenhaar kriegt man die hinfallende Krankheit! – Aber warum verbirgst du diese Künste, warum hängt ein Vorhang vor soviel Talent? Hast du Angst, es könnte verstauben wie der Jungfer Moll ihr Gemälde? Warum gehst du nicht in einer Gaillarde zur Kirche und kommst in einer Courante nach Hause? Ich an deiner Stelle würde überhaupt nur mehr in Kapriolen gehen; ich würde kein Wasser abschlagen, außer in einem Entrechat. Was fällt dir ein? Ist das eine Welt, um Tugenden zu verheimlichen? Ich dachte schon nach dem ausgezeichneten Bau deiner Beine, die müßten unter dem Stern der Gaillarde gezeugt worden sein.

ANDREAS: Ja, sie sind stark, und in buntgeflammten Strümpfen nehmen sie sich ganz leidlich aus. Wollen wir nicht einige Lustbarkeiten veranstalten?

TOBIAS: Was sollten wir sonst tun? Sind wir nicht unter dem Sternbild des Stieres geboren?

ANDREAS: Stier? Der regiert die Flanken und das Herz.

TOBIAS: Nein, Herr Ritter, der regiert die Beine und die Lenden! Laß mich dich springen sehen! Ha! Höher! Haha! Prächtig! *Beide ab*

4. Szene

VALENTIN: Wenn der Herzog Euch weiter so begünstigt, Cesario, dann
werdet Ihrs noch weit bringen; er kennt Euch erst drei Tage, und
schon seid Ihr kein Fremder mehr.

VIOLA: Entweder traut Ihr seiner Laune nicht, oder meinem Dienst-
eifer, daß Ihr die Fortdauer seiner Gunst fraglich findet. Ist er denn
so unbeständig in seiner Zuneigung?

VALENTIN: Nein, nein; das könnt Ihr mir glauben.

VIOLA: Ich dank Euch. Da kommt der Herzog.

Herzog, Curio und Gefolge kommen

HERZOG: Wer sah Cesario, sagt?

VIOLA: Hier, Herr; zu Diensten!

HERZOG *(zu den anderen)*:
    Laßt uns ein Weilchen. *(zu Viola)* Du, Cesario,
    Weißt nun nicht weniger als alles, ich schlug
    Dir das Geheimbuch meines Herzens auf!
    Drum, lieber Junge, mach dich auf zu ihr,
    Laß dich nicht abweisen, vor ihrer Tür steh,
    Sag ihnen, daß dein Fuß dort Wurzeln schlägt,
    Bis man dich vorläßt.

VIOLA: Aber, edler Herr,
    Wenn sie sich so ganz ihrem Kummer hingibt,
    Wies heißt, so läßt sie mich doch niemals vor.

HERZOG: Sei ungestüm! Brich lieber alle Sitten,
    Als unverrichteter Dinge heimzukehren.

VIOLA: Gesetzt den Fall, ich sprech sie; Herr: was dann?

HERZOG: Dann künd ihr meiner Liebe Leidenschaft,
    Daß sie erstaunt, von meiner Treu zu hören.
    Dich wird das kleiden, ihr mein Leid zu klagen;
    Sie schenkt wohl deiner Jugend mehr Gehör,
    Als einem Boten von gewichtigerm Anblick.

VIOLA: Das denk ich nicht, mein Fürst.

HERZOG: Glaubs, lieber Junge!
    Denn noch verleumdet deine fröhlichen Jahre,
    Wer sagt, du bist ein Mann: Dianas Lippen
    Sind weicher, röter nicht; dein kleines Stimmchen

Ist wie des Mädchens Kehle, hell und klar!
Alles an dir erinnert an ein Mädchen.
Ich weiß, daß dein Gestirn gar günstig ist
Für diese Botschaft. Ihr, vier, fünf, geht *mit* ihm;
Geht alle, wenn ihr wollt! mir ists am liebsten,
Wenn ich am wenigsten Gesellschaft hab. –
Vollbringe diesen Auftrag gut, und du
Sollst hier so frei leben wie dein Gebieter,
Und dein sei, was er hat.
VIOLA: Ich tu mein Bestes,
Zu freien Eure Dame. *(Beiseite)* Müh und Pein!
Ich frei' und möcht doch selbst die Seine sein!   *Alle ab*

5. Szene

*Zimmer in Olivias Haus.
Maria und der Narr.*

MARIA: Nein, entweder sag mir, wo du gewesen bist, oder ich will zu
deiner Entschuldigung meinen Mund nicht einmal so weit auftun,
daß auch nur ein Haar hinereinginge! Mein Fräulein wird dich für
dein Wegbleiben aufhängen lassen.

NARR: Soll sie mich hängen: wer gut gehängt ist in dieser Welt, der
braucht keine Fahne zu fürchten.

MARIA: Erklär das!

NARR: Er sieht keine mehr, die er fürchten könnte.

MARIA: Ein gutes Wort für die Fastenzeit! Ich kann dir sagen, wo das
Wort herkommt »Ich fürchte keine Fahne«.

NARR: Woher, liebe Jungfer Maria?

MARIA: Aus dem Krieg; das darfst du in deiner Narrheit auch ruhig
nachsagen.

NARR: Schön; der Herrgott verleih denen Weisheit, die welche haben!
und die, die Narren sind, die sollen mit ihrem Pfund nur wuchern.

MARIA: Und doch werdet Ihr dafür gehängt werden, daß Ihr so lang
weg ward; oder, wenn Ihr fortgejagt werdet, ist Euch das nicht grad
so arg, als wenn man Euch hängt?

NARR: Wer gut gehängt ist, der erspart sich oft, schlecht verheiratet zu
sein; und was das Fortjagen betrifft, im Sommer ists zu ertragen.

MARIA: Ihr seid also kurz angebunden?

NARR: Das auch grad nicht, aber mich binden zwei Punkte.

MARIA: Damit der andere hält, wenn der eine reißt! Wenn aber beide reißen, so fallen Euch die Pluderhosen herunter.

NARR: Gut gesagt! meiner Treu, gut gesagt! Schön, geh nur: Wenn Junker Tobias das Trinken ließe, so wärst du ein so kluges Stück von Evas Fleisch wie nur eine in ganz Illyrien.

MARIA: Still, still, du Schalk! kein Wort mehr. Da kommt mein Fräulein. Entschuldigt Euch lieber vernünftig, zu Eurem eigenen Besten. *Ab*

NARR: Mein Witz! So es dein Wille ist, verhilf mir zu guter Narrheit! Die witzigen Leute, die glauben, daß sie dich haben, erweisen sich sehr oft als Narren. Und ich, der ich sicher bin, daß es mir an dir fehlt, mag als ein weiser Mann durchrutschen; denn was sagt Quinapalus: »Besser ein kluger Narr als ein närrischer Klügler!«

Olivia kommt mit Malvolio

Gott segne Euch, Fräulein!

OLIVIA: Schafft den Narren weg.

NARR: Hört ihr nicht, Leute: Schafft das Fräulein weg.

OLIVIA: Geht nur, Ihr seid ein trockener Narr; ich will nichts mehr von Euch wissen: außerdem werdet Ihr ungesittet.

NARR: Zwei Fehler, Madonna, die Trunk und guter Rat lindern werden: denn gebt einem trockenen Narren was zu trinken, dann ist der Narr nicht mehr trocken. Sagt dem ungesitteten Mann, er soll sich bessern! Bessert er sich, so ist er nicht mehr ungesittet. Kann ers nicht, so mag ihn der Henker bessern. Alles, was ausgebessert ist, ist ja doch nur geflickt; Tugend, die über die Stränge schlägt, ist nur mit Sünde geflickt. Und Sünde, die sich bessert, ist nur mit Tugend geflickt. Wenn dieser einfache Schluß hilft, gut. Wenn er nicht hilft, was ist da zu wollen? Wie es keinen wahren Hahnrei gibt als bloß das Unglück, so ist die Schönheit eine Blume. Das Fräulein rief, man solle den Narren wegschaffen, drum sag ich noch einmal, schafft sie weg!

OLIVIA: Freund, ich hieß sie, *Euch* wegzuschaffen.

NARR: Ein Mißgriff höchsten Grades! Fräulein, cucullus non facit monachum: das heißt soviel wie, im Gehirn trag ich keine bunten Lappen. Gute Madonna, erlaubet mir, Euch zu beweisen, daß Ihr eine Närrin seid.

OLIVIA: Könnt Ihr das?

NARR: Gewissenschaftlichst, liebe Madonna!

OLIVIA: Beweist das!

NARR: Ich muß Euch dazu katechisieren, Madonna: Ei, meine liebe Tugend, antwortet mir!

OLIVIA: Gut, Freund; aus Mangel an anderem Zeitvertreib wollen wir Euren Beweis hören.

NARR: Liebe Madonna, warum trauerst du?

OLIVIA: Lieber Narr, um meines Bruders Tod.

NARR: Ich glaube, seine Seele ist in der Hölle, Madonna.

OLIVIA: Ich weiß, seine Seele ist im Himmel, Narr.

NARR: Desto größer Eure Narrheit, Madonna, um Eures Bruders Seele zu trauern, wenn sie im Himmel ist! Fort mit dem Narren, ihr Herren!

OLIVIA: Was denkt Ihr von diesem Narren, Malvolio? Wird er nicht besser?

MALVOLIO: Ja, und wird immer besser werden, bis der Todeskampf ihn schüttelt: Die Altersschwäche, des weisen Mannes Verfall, macht den Narren nur desto besser.

NARR: Gott geb Euch, Herr, eine baldige Altersschwäche, daß Eure Narrheit desto besser zunehme! Junker Tobias wird Euch drauf schwören, daß ich kein Fuchs bin, aber er wird keine zwei Groschen drauf setzen, daß Ihr kein Narr seid.

OLIVIA: Was sagt Ihr dazu, Malvolio?

MALVOLIO: Mich wundert, wie Euer Gnaden an einem so unergiebigen Schuft Gefallen finden. Erst unlängst sah ich, wie ein ganz gewöhnlicher Narr ihn unterkriegte, der nicht mehr Hirn im Kopf hatte als ein Stein. – Seht nur, schon ist er aus der Fassung; wenn Ihr nicht lacht und ihm immerzu einen Anlaß gebt, gleich ist ihm das Maul gestopft. Nein, wahrhaftig, die klugen Leute, die über diese Berufsnarren hell auflachen, die sind in meinen Augen die Hanswurste der Narren!

OLIVIA: Ach, Ihr krankt an Eigenliebe, Malvolio, und Euer Geschmack ist schon verdorben, eh Ihr kostet. Wer großmütig ist, schuldlos und freien Sinns, der nimmt das, was Ihr für Kanonenkugeln haltet, als Vogelschrot. Ein wohlbestallter Narr tut Euch doch keinen Schimpf an, auch wenn er nichts tut als lästern; genau so wie ein Mann von verläßlicher Klugheit nicht lästert, auch wenn er nichts tut als zurechtweisen.

NARR: Ach, Merkur verleihe dir die Gabe der Lügen, denn du sprichst gut von Narren! *Maria kommt zurück*

MARIA: Madam, am Tor steht ein junger Herr, der dringend verlangt, Euch zu sprechen.

OLIVIA: Von Graf Orsino, nicht wahr?

MARIA: Ich weiß nicht, Madam; es ist ein hübscher junger Mann mit ansehnlichem Gefolge.

OLIVIA: Wer von meinen Leuten hält ihn auf?

MARIA: Junker Tobias, Madam; Euer Vetter.

OLIVIA: Ach, den bringt weg, ich bitte Euch! Der redet doch nichts als Unsinn. – Pfui! *(Maria ab)*
Geht Ihr, Malvolio: wenn es eine Botschaft vom Grafen ist, so bin ich krank, oder nicht zu Hause; was Ihr wollt, nur werdet sie los. *(Malvolio ab)*
Nun seht Ihr, Freund, wie Eure Narreteien alt werden und die Leute sie nicht mögen.

NARR: Du hast für uns gesprochen, Madonna, als ob dein ältester Sohn ein Narr werden sollte; mögen ihm die Götter den Schädel mit Gehirn vollstopfen! Aber hier kommt einer von deiner Sippschaft, der eine höchst Schwächliche *pia mater* hat. *Tobias kommt*

OLIVIA: Auf Ehre, halb betrunken! Wer ist das vor dem Tor, Vetter?

TOBIAS: Ein Edelmann.

OLIVIA: Ein Edelmann! Was für ein Edelmann?

TOBIAS: Ein Edelmann ist da – ha! – die Pest hol diese Pickelheringe! – Was machst du hier, Dummkopf?

NARR: Werter Junker Tobias …

OLIVIA: Vetter, Vetter, wie seid Ihr schon so früh am Tag so von Sinnen?

TOBIAS: Von hinnen? Wer wagt zu sagen, ich bin von hinnen! Nein: draußen ist einer, vor dem Tor.

OLIVIA: Ja, schön, und wer ist das?

TOBIAS: Ach, solls doch der Teufel sein, wenn er Lust hat! Was kümmerts mich? Auf den Glauben kommts an, sag ich Euch. Nun, ist ja alles eins. *Ab*

OLIVIA: Womit ist ein Betrunkener zu vergleichen, Narr?

NARR: Mit einem Ertrunkenen, einem Narren und einem Irren. *Ein* Schluck zuviel macht ihn zum Narren, der *zweite* zum Irren, und der dritte ertränkt ihn.

OLIVIA: Dann geh und hol den Totenbeschauer, laß ihn Bestand aufnehmen über meinen Vetter, denn der ist im dritten Grad der Trun-
kenheit, er ist ertrunken. Geh, kümmere dich um ihn.

NARR: Einstweilen ist er nur irr, Madonna; und der Narr wird auf den
Irren achtgeben. *Ab; Malvolio kommt zurück*

MALVOLIO: Madam, der junge Mensch dort schwört, er muß Euch
sprechen. Ich sagte ihm, Ihr seid krank. Er behauptet, das wisse er
schon, und deshalb komme er, um Euch zu sprechen. Ich sagte ihm,
Ihr wäret am Schlafen: auch das scheint er schon im voraus gewußt
zu haben und ist deshalb gekommen, um Euch zu sprechen. Was
soll man ihm sagen, Fräulein? Er ist gegen jede Ausflucht gerüstet.

OLIVIA: Sagt ihm, daß er mich nicht sprechen soll.

MALVOLIO: Hat man ihm schon gesagt; und er sagt, er wolle an Eurer
Türe stehen wie eine Anschlagsäule oder wie ein Pfosten, der eine
Bank stützt; aber jedenfalls werde er Euch sprechen.

OLIVIA: Was für eine Art Mensch ist er?

MALVOLIO: Art? Gar keine, denn er ist sehr unartig: er will Euch sprechen, ob Ihr wollt oder nicht.

OLIVIA: Wie ist er an Persönlichkeit und Jahren?

MALVOLIO: Nicht alt genug für einen Mann und nicht jung genug für
einen Knaben. Wie eine Hülse, bevor noch Erbsen drin sind, oder
ein unreifer Apfel; mit einem Wort, so an der Wasserscheide zwischen Knaben und Mann. Er sieht sehr gut aus, und er spricht sehr
naseweis, und dabei könnte man meinen, er hätte fast noch seine
Muttermilch im Leibe.

OLIVIA: Laßt ihn herein. Ruft meine Kammerjungfer.

MALVOLIO: Kammerjungfer! Das gnädige Fräulein ruft.
Ab; Maria kommt zurück

OLIVIA: Gib mir den Schleier. Komm, wirf ihn mir über. So hören wir
Orsinos Botschaft nochmals. *Viola tritt auf, mit Gefolge*

VIOLA: Wo ist das gnädige Fräulein dieses Hauses?

OLIVIA: Zu mir sprecht! Ich will für sie Rede stehn: Ihr wollt?

VIOLA: Strahlendste, auserlesenste und unvergleichliche Schönheit! –
Ich bitte Euch, sagt mir, ob das die Dame des Hauses ist, denn ich
habe sie noch nie gesehen. Ich möchte auch meine Rede nur un-
gern vergeuden, denn nicht nur ist sie trefflich abgefaßt, sondern
ich habe mir große Mühe gegeben, sie auswendig zu lernen. Meine
Schönen, behandelt mich nicht schmählich, denn ich bin höchst

empfindlich, wenn man mir nur die kleinste Unfreundlichkeit erweist.

OLIVIA: Woher kommt Ihr, mein Herr?

VIOLA: Ich kann nicht viel mehr sagen als ich einstudiert habe, und diese Frage steht nicht in meiner Rolle. Gute, edle Dame, gebt mir bescheidene Versicherung, daß Ihr das Fräulein dieses Hauses seid, damit ich mit meiner Rede fortfahren kann!

OLIVIA: Seid Ihr ein Komödiant?

VIOLA: Nein, mein weises Herz! Und doch schwör ich Euch, bei den Reißzähnen der Bosheit, daß ich nicht bin, was ich spiele. Seid Ihr die Dame des Hauses?

OLIVIA: Wenn ich mich nicht überhebe, so bin ichs.

VIOLA: Ganz sicher: wenn Ihr es seid, dann überhebt Ihr Euch; denn was Euer ist, um es zu gewähren, das ist nicht Euer, um es vorzuenthalten. Aber das gehört nicht zu meinem Auftrag. Ich will mit meiner Lobrede auf Euch fortfahren und Euch dann das Innerste meiner Botschaft darlegen.

OLIVIA: Kommt gleich aufs Wesentliche; ich erlasse Euch das Lob.

VIOLA: O weh, ich habe mir so viele Mühe gegeben, es einzustudieren; und es ist poetisch!

OLIVIA: Um so eher ist es unecht: Ich bitt Euch, behaltet es für Euch. Ich hörte, Ihr seid vor meinem Tor keck gewesen; und ich gewährte Euch Zutritt, mehr um Euch mit eigenen Augen zu sehen, als um Euch anzuhören. Wenn Ihr nicht toll seid, so geht; wenn Ihr vernünftig seid, so macht es kurz. Es ist für mich nicht die rechte Mondphase, um bei einem so mutwilligen Dialog mitzuspielen.

MARIA: Wollt Ihr Segel setzen, Herr? Euer Weg geht dorthin!

VIOLA: Nein, mein lieber Schiffsjunge, ich will hier noch ein wenig länger ankern. – Zähmt Euren Riesen da ein wenig, schönes Fräulein!

OLIVIA: Sagt, was Ihr wollt.

VIOLA: Ich bin ein Botschafter.

OLIVIA: Ihr habt sicher etwas Gräßliches zu bestellen, da Ihr so fürchterliche Höflichkeiten vorausschickt. Sagt, was Euch aufgetragen ist.

VIOLA: Es ist nur für Euer Ohr bestimmt. Ich bringe keine Kriegserklärung, ich fordere keinen Tribut: Ich halte den Ölzweig in der Hand, meine Worte sind eitel Frieden.

OLIVIA: Und doch habt Ihr grob angefangen. Wer seid Ihr? Was wollt Ihr?

VIOLA: Die Grobheit, die in mir zum Vorschein kam, hab ich nur von meinem Empfang hier gelernt. Was ich bin und was ich will, das ist so geheim wie Jungfräulichkeit: für *Euer* Ohr Offenbarung, für jedes andere Entweihung.

OLIVIA: Laßt uns allein hier; wir wollen diese Offenbarung hören.

(Maria und Gefolge ab)

Nun, Herr; was ist Euer Text?

VIOLA: Allerschönstes Fräulein! – – –

OLIVIA: Eine tröstliche Lehre, und es ließe sich viel darüber sagen. Wo steht Euer Text?

VIOLA: In Orsinos Brust.

OLIVIA: In seiner Brust! In welchem Kapitel seiner Brust?

VIOLA: Um methodisch zu antworten, im ersten Kapitel seines Herzens.

OLIVIA: O, das habe ich gelesen: es ist Ketzerei. Habt Ihr sonst nichts zu sagen?

VIOLA: Liebes Fräulein, laßt mich Euer Gesicht sehen.

OLIVIA: Habt Ihr etwa Auftrag von Eurem Herrn, mit meinem Gesicht zu verhandeln? Jetzt seid Ihr aus Eurem Konzept gekommen! Aber wir wollen den Vorhang fortziehen und Euch das Bild zeigen. Seht, Herr, so war ich in diesem Augenblick: ist die Arbeit nicht gut?

Entschleiert sich

VIOLA: Vortrefflich, wenn das alles Gott gemacht hat.

OLIVIA: 's ist waschecht, Herr; hält Wind und Wetter aus.

VIOLA: 's ist Schönheit, rein gemischt, da Rot und Weiß
Natur mit eigner, zarter Hand klug auftrug:
Fräulein, Ihr seid die Grausamste auf Erden,
Wenn diese Reize Ihr zu Grabe tragt
Und laßt der Welt kein Abbild!

OLIVIA: Ach, Herr, so hartherzig will ich nicht sein, ich will verschiedene Verzeichnisse meiner Schönheit anfertigen lassen: es soll ein Inventar davon gemacht werden und jedes Teil und Tüttelchen davon meinem Testament angehängt werden; wie etwa: Item, zwei Lippen, halbwegs rot. Item, zwei graue Augen, samt Augenlidern; Item, ein Hals, ein Kinn, und so weiter. – Seid Ihr geschickt, um meinen Wert zu schätzen?

VIOLA: Ich seh Euch, wie Ihr seid: Ihr seid zu stolz;
  Doch wärt Ihr selbst der Teufel, Ihr seid schön.
  Mein Herr und Meister liebt Euch: Solche Liebe
  Kann nur erwidert werden, wärt Ihr auch
  Gekrönt als Schönheit völlig ohnegleichen.
OLIVIA: Wie liebt er mich denn?
VIOLA: Mit Anbetung, fruchtbarer Tränenflut,
  Donnerndem Liebesschmerz, Seufzern voll Feuer!
OLIVIA: Doch Euer Herr kennt meinen Sinn und weiß,
  Ich kann ihn doch nicht lieben. Zwar, ich halt ihn
  Für reich an Tugenden; weiß, er ist edel,
  An Gütern reich, von frischer, reiner Jugend,
  Von gutem Ruf, gelehrt, freigebig, tapfer;
  An Ansehn und Gestalt und von Natur
  Ein schöner Mann; doch kann ich ihn nicht lieben.
  Die Antwort hätt er längst verstehen müssen.
VIOLA: Hätt ich Euch lieb mit meines Herren Glut
  Und litte so dran, so den Tod im Leben,
  Fänd ich in Eurer Weigerung keinen Sinn;
  Nein, ich verstünd sie nicht!
OLIVIA: Was tätet *Ihr*?
VIOLA: Mir eine Weidenhütte baun an Eurem Tor
  Und in dem Haus sprechen mit meiner Seele!
  Fromme Kanzonen der verschmähten Liebe schreiben
  Und laut sie singen mitten in der Nacht,
  Daß Euer Name hallte in den Hügeln
  Und das geschwätzige Echo der Luft
  »Olivia« schrie! Ihr solltet mir nicht rasten
  Zwischen den Elementen Luft und Erde,
  Eh Ihr Euch mein erbarmet!
OLIVIA: Ihr könntet es vielleicht weit bringen. Was
  Ist Eure Herkunft?
VIOLA: Die ist besser als
  Derzeit mein Glück, obwohl es mir recht gut geht. –
  Ich bin ein Edelmann.
OLIVIA: Nun geht zu Eurem Herrn:
  Lieben kann ich ihn nicht. Er soll nicht Boten schicken,
  Außer vielleicht, Ihr kommt wieder zu mir,

Mir sagen, wie ers aufnimmt. Nun lebt wohl:
Habt Dank für Eure Müh, nehmt dies von mir!

Gibt ihr einen Beutel

VIOLA: Mich zahlt man nicht! Fräulein; laßt Euren Beutel:
Mein Herr ist es, nicht ich, dem es an Lohn fehlt.
Amor mach' dessen Herz zu hartem Stein,
Den Ihr einst liebt! Und der Verachtung sei
Dann Eure Glut, wie meines Herrn, geweiht! –
So lebt denn wohl, Ihr schöne Grausamkeit.   *Geht ab*

OLIVIA: »Was ist Eure Herkunft?« – »Die ist besser als
Derzeit mein Glück, obwohl es mir recht gut geht.
Ich bin ein Edelmann.« – Ich schwörs, das bist du!
Dein Wort, dein Ausdruck, dein Gebärdenspiel,
Gestalt und Mut wappnen dich fünffach! – Sachte!
Nur nicht so schnell, gemach! Es sei denn, daß
Der Herr der Diener wär. Wie stehts um mich?
So schnell droht Ansteckung von dieser Krankheit?
Mir ist, als schlichen dieses Jünglings Reize
Unsichtbar und ganz leise und verstohlen
In meine Augen. – Nun, So mag es sein.
He da! Malvolio!   *Malvolio kommt zurück*

MALVOLIO: Zu Befehl, Madam.

OLIVIA: Lauf diesem eigensinnigen Boten nach,
Dem Mann des Grafen: Er ließ diesen Ring hier.
Ich wollt es nicht: sagt ihm, ich will ihn nicht.
Auch soll er seinem Herrn nicht schmeicheln und ihm
Nicht Hoffnung machen: ich werd nie die Seine. –
Und falls der junge Mann morgen vorbeikommt,
Erklär ich ihm, warum. – Mach schnell, Malvolio!

MALVOLIO: Ich wills, Madam.   *Ab*

OLIVIA: Ich tu – und weiß nicht, was; und fürcht, ich bin
Von meinem Aug betört in meinem Sinn.
Schicksal, zeig deine Macht! Ich willige ein.
Wie es bestimmt ist, muß und solls auch sein.   *Ab*

Zweiter Akt

1. Szene

*An der Küste.
Antonio und Sebastian.*

ANTONIO: Ihr wollt nicht länger bleiben? Und Ihr wollt auch nicht,
daß ich mit Euch gehe?

SEBASTIAN: Nein, verzeiht es mir. Meine Planeten sehen finster auf
mich herab; der Unstern meines Geschicks könnte vielleicht auch
Eures anstecken. Drum bitt ich Euch, erlaubt, daß ich mein Mißge-
schick allein trage. Es wär ein schlechter Lohn für Eure Liebe, Euch
davon etwas aufzubürden.

ANTONIO: Doch laßt mich wissen, wohin Ihr jetzt geht.

SEBASTIAN: Nein, nein, Freund: die Reise, die ich vorhabe, ist purer
Eigensinn. Aber ich seh in Euch genug edle Zurückhaltung, daß Ihr
mir nicht abnötigen werdet, was ich für mich behalten will. Drum
hab ich die Ehrenpflicht, doch einiges selbst zu erklären. Ihr müßt
also von mir wissen, Antonio: ich heiße Sebastian; Rodrigo nannte
ich mich nur. Mein Vater war jener Sebastian von Messalina, von
dem Ihr, wie ich weiß, gehört habt. Er hinterließ mich und meine
Schwester, beide zur gleichen Stunde geboren. Hätte uns doch der
Himmel auch so enden lassen! Aber das habt Ihr verhindert, Freund,
denn in der Stunde, als Ihr mich aus der Meeresbrandung zogt, ist
meine Schwester ertrunken.

ANTONIO: Ach, Unglückstag!

SEBASTIAN: Ein Mädchen, Freund, die, obwohl es hieß, daß sie mir
ähnlich sah, doch viele schön fanden. Aber auch wenn ich da nicht
mit so staunender Bewunderung mitreden darf, eins will ich doch
ohne Vorbehalt von ihr sagen: Ihr Wesen war schön, das mußte ihr
auch der Neid lassen! Aber sie ist ertrunken, Freund, im Salzwasser,
auch wenn ich nun – scheints – ihr Andenken mit noch mehr Salzwasser ertränke.

ANTONIO: Verzeiht mir, Freund, daß ich Euch nur schlecht bewirtete.

SEBASTIAN: O lieber Antonio! Vergebt mir die Umstände, die ich Euch
gemacht habe.

ANTONIO: Wollt Ihr mich zum Dank für meine Liebe nicht töten, so
laßt mich Euer Diener sein.

SEBASTIAN: Wollt Ihr nicht zurücknehmen, was Ihr getan habt, nämlich den töten, den Ihr gerettet habt, so verlangt das nicht. Drum nur gleich: lebt wohl! mein Herz ist voll Rührung, und ich hab noch soviel von meiner Mutter, daß mich beim geringsten weiteren Anlaß meine Augen verraten werden. Ich geh an den Hof des Grafen Orsino: lebt wohl! *Ab*

ANTONIO: Mag aller Götter Güte dich begleiten!
Ich hab viel Feinde an Orsinos Hof,
Sonst käm ich gleich dir nach, dich zu besuchen. –
Doch auch Gefahren nehm ich gern in Kauf:
Ich muß dich wiedersehn! Ich such dich auf. *Ab*

2. Szene
Straße, vor Olivias Haus.
Viola kommt, Malvolio hinter ihr.

MALVOLIO: Wart Ihr nicht eben erst bei der Gräfin Olivia?

VIOLA: Eben erst, Herr; mäßigen Schritts bin ich seitdem bis hierher gekommen.

MALVOLIO: Sie schickt Euch diesen Ring zurück, Herr: Ihr hättet mir die Mühe sparen und ihn selbst mitnehmen können. Außerdem läßt sie Euch sagen, Ihr sollt Eurem Herrn nur ja ganz klar machen, daß sie nichts von ihm wissen will. Und noch eins: daß Ihr Euch nie wieder in seinen Angelegenheiten hertrauen sollt, außer um zu berichten, wie Euer Herr das aufgenommen hat. Da habt Ihr!
Hält ihr den Ring hin

VIOLA: Sie nahm den Ring von mir; ich will ihn nicht.

MALVOLIO: Hört, Herr: Ihr habt ihn ihr unmanierlich hingeworfen, und ihr Wille ist, daß er Euch gerade so zurückgegeben wird. *(Wirft den Ring hin)* Wenn er lohnt, sich danach zu bücken, dann liegt er da, vor Euren Augen; wenn nicht, so soll ihn haben, wer ihn findet.
Ab

VIOLA: Ich ließ ihr keinen Ring: was will die Dame?
Verhüt das Schicksal, daß meine Verkleidung
Ihr gar zu gut gefiel! Sie sah mich an; ja
Gewiß, vor lauter Schaun stockt' ihr die Rede,
Denn sie fing mehrmals an und sprach zerstreut.
Sie liebt mich. – Ja; List ihrer Leidenschaft

Lädt mich durch diesen mürrischen Boten ein.
Den Ring zurück? Mein Herr schickte ihr keinen!
Ich bin der Mann! – Ists so, wies ist – die Arme! –,
So tät sie besser, einen Traum zu lieben.
Verkleidung! ja, ich sehs: du bist ein Übel!
Du hilfst dem listigen bösen Feind gar sehr.
Wie ist es schlauen Falschmünzern doch leicht
Ins Wachs des Frauenherzens sich zu prägen!
Ach! Unsre Schwachheit ist dran schuld, nicht wir!
Wie wir geschaffen sind, sind wir nun hier.
Wie soll das gehn? Mein Herr liebt sie von Herzen;
Und so lieb ich, ich armes Unding, ihn.
Und sie, voll Irrtum, scheint vergafft in mich.
Was wird draus? Wenn ich meines Herren Mann bin,
Dann ist mir Angst um meines Herren Lieb';
Und wenn ich Weib bin – ach, du Unglückstag! –,
Wie fruchtlos wird die arme Olivia seufzen! –
O Zeit! Das mußt du selbst entwirrn, nicht ich,
Denn dieser Knoten ist zu schwer für mich.   *Ab*

3. *Szene*   *Zimmer in Olivias Haus.*
                              Tobias und Andreas, später der Narr.

TOBIAS: Komm nur, Junker Andreas! Nach Mitternacht nicht zu Bett
   sein, das heißt früh auf sein! Und *diluculo surgere*, du weißt ja …
ANDREAS: Nein, meiner Treu, ich weiß gar nichts; ich weiß nur, spät
   auf sein, ist spät auf sein.
TOBIAS: Ein Trugschluß! ich hasse ihn wie eine ungefüllte Kanne! Nach
   Mitternacht auf sein und dann zu Bett gehen, daß heißt früh zu Bett
   gehen; nach Mitternacht zu Bett gehen heißt also zur Zeit zu Bett ge-
   hen. Besteht denn unser Leben nicht aus den vier Elementen?
ANDREAS: Meiner Treu, das sagt man; aber ich glaube eher, es besteht
   aus Essen und Trinken.
TOBIAS: Du Gelehrter! Also wollen wir essen und trinken. Maria! he!
   Einen Humpen Wein!
ANDREAS: Meiner Treu, da kommt der Narr!   *Narr tritt auf*

Zwölfte Nacht oder Was ihr wollt

NARR: Na, meine lieben Herzen! Habt ihr je das Wirtshausschild von den drei Eseln gesehen?

TOBIAS: Willkommen, Esel! Jetzt einen Rundgesang!

ANDREAS: Meiner Treu, der Narr hat prächtige Lungen. Und solche Waden und so einen schönen Ton zum Singen, wie der Narr hat, hätt ich lieber als vierzig Schilling! – Wahrhaftig, du hast gestern abend ganz großartige Narrenspossen aufgeführt, als du von Pigrogromitus sprachst und vom Sternbild der Vapianer, das den Himmelsäquator des Queubus überquert! Wirklich gut, meiner Treu! Ich hab dir einen Batzen für deine Liebste geschickt. Hast ihn gekriegt?

NARR: Dein Geschenklein habe ich meinem eigenen Sack einverleibt, denn Malvolios Nase ist kein Peitschenstiel; mein Fräulein hat eine weiße Hand, und die Myrmidonier sind keine von diesen billigen Bierschenken!

ANDREAS: Großartig! Ja, das ist schließlich und endlich die beste Narrensposse. Jetzt aber ein Lied!

TOBIAS: Kommt! Da habt Ihr einen Batzen: Singt uns ein Lied!

ANDREAS: Da, auch ein Bätzlein von mir: Wie der *eine* Ritter, so –

NARR: Wollt ihr ein Liebeslied haben oder ein Lied vom guten Lebenswandel?

TOBIAS: Ein Liebeslied! Ein Liebeslied!

ANDREAS: Ja, ja; ich mach mir nichts aus gutem Lebenswandel.

NARR *(singt)*: Wo gehst du, Liebste, fern und nah?
Ach, bleib und hör: dein Schatz ist da,
Der kann singen laut und leis.
Lauf nicht davon, mein Tausendschön!
Wir müssen eins zum andern gehn,
Was ein kluger Kopf ja weiß!

ANDREAS: Wirklich gut, meiner Treu!

TOBIAS: Gut! Gut!

NARR *(singt)*: Schieb' Lieb nicht auf erst über Nacht:
Nein, heut geliebt heißt heut gelacht,
Weil die Zukunft keiner sieht.
Ja, wenn ich zaudre, nie gewinn ich,
Drum komm und küß mich oft und innig,
Weil die Jugend bald verblüht.

ANDREAS: Bei meiner Ritterehre, eine honigsüße Stimme!

TOBIAS: Ein ansteckender Ton!

ANDREAS: Sehr süß und sehr ansteckend, meiner Treu.

TOBIAS: Wenn wirs mit der Nase hörten, wärs so süß, daß man sich dran ansteckte. – Aber wolln wirs treiben, daß das Firmament tanzt!? Wollen wir die Nachteule aufstören mit einem Rundgesang, der einem einzigen Leineweber drei Seelen aus dem Leib zieht? Ja, sollen wir?

ANDREAS: Wenn Ihr mich liebt, dann ja! Auf einen Rundgesang bin ich scharf wie ein Hund auf einen Knochen!

NARR: Ja, Herr, bei unsrer lieben Frau! Es gibt auch Hunde, die singen, daß es einem durch Mark und Knochen geht!

ANDREAS: Das stimmt! Also singen wir »Der Schuft«!

NARR: »Sei still, du Schuft«, Junker? – Da werde ich nicht umhin können, dich Schuft zu nennen, Junker.

ANDREAS: Nicht das erste Mal, daß jemand nicht umhin konnte, mich Schuft zu nennen. Fang an, Narr! Es fängt an »Sei still«!

NARR: Ich werde nie anfangen, wenn ich still bin.

ANDREAS: Gut, meiner Treu! – Kommt, fangt an!

Sie singen den Kanon »Sei still, du Schuft«; Maria kommt

MARIA: Was macht ihr hier für eine Katzenmusik? Wenn mein Fräulein nicht ihren Haushofmeister Malvolio gerufen hat, daß er euch zur Tür hinauswerfen soll, so glaubt mir kein Wort mehr!

TOBIAS: »Mein Fräulein« ist ein chinesischer Papiertiger! Wir sind Verschwörer; Malvolio ist der Rammler von Ramsay, – und »Wir sind drei lustige Gesellen hier«. Bin ich denn kein Blutsverwandter? Bin ich nicht von ihrem Geblüt? Didel-dumm! Fräulein! *(singt)* »Es wohnt ein Mann in Babylon!« Fräulein! Fräulein!

NARR: Hol mich der und jener! Der Junker gibt einen prächtigen Narren ab!

ANDREAS: Ja, er kann das recht gut, wenn ihm danach ist, aber ich auch. Bei ihm wirkt es graziöser, aber bei mir natürlicher.

TOBIAS *(singt)*: Am zwölften Dezember! –

MARIA: Um Gottes Willen, still! *Malvolio tritt auf*

MALVOLIO: Meine Herren, seid ihr toll, oder was seid ihr? Habt ihr weder Verstand noch Anstand, noch Ehrbarkeit, daß ihr zu dieser Nachtzeit klappert wie die Kesselflicker? Macht ihr ein Wirtshaus aus des gnädigen Fräuleins Haus, daß ihr eure Schusterjungenlieder mit so ungezügelter und ungezähmter Stimme herauskreischt?

Habt ihr kein Gefühl, wo ihr seid und bei wem? Habt ihr keinen Takt?

TOBIAS: Wir haben Takt gehalten, Herr, in unseren Rundgesängen.

MALVOLIO: Junker Tobias, ich muß es Euch rundheraus sagen: Das gnädige Fräulein hieß mich Euch sagen, obwohl sie Euch als ihrem Verwandten Obdach gewährt, will sie doch mit Euern Unordnungen nichts zu schaffen haben! Könnt Ihr Euch von Euren Verstößen gegen die Sittsamkeit freimachen, so seid Ihr dem Haus willkommen. Wenn nicht, und es beliebt Euch, Abschied von ihr zu nehmen, so ist sie durchaus bereit, Euch Lebewohl zu sagen.

TOBIAS *(singt)*: Lebwohl, mein Herz, ich muß von hinnen gehn.

MARIA: Nein, lieber Junker Tobias!

NARR *(singt)*: Sein Aug verrät, 's ist bald um ihn geschehn.

MALVOLIO: So also stehts!?

TOBIAS *(singt)*: Doch sterb ich nimmermehr.

NARR *(singt)*: Da, Junker, lügt Ihr sehr!

MALVOLIO: Das macht Euch aber viel Ehre!

TOBIAS *(singt)*: Heiß ich ihn jetzt wohl gehn?

NARR *(singt)*: Wenn ja, was wird geschehn?

TOBIAS *(singt)*: Heiß ich ihn gehn und schlag den Wicht?

NARR *(singt)*: O nein, nein, nein! Das wagt Ihr nicht!

TOBIAS: Aus dem Takt, Freund, Ihr lügt! – *(wendet sich Malvolio zu)* Bist du was mehr als ein Haushofmeister? Meinst du, weil du ein Tugendspiegel bist, so soll es keine Torten und keinen Wein mehr geben?

NARR: Heilige Anna, ja! Und auch der Ingwer soll noch im Mund brennen!

TOBIAS: Recht hast du! – Geht nur, Herr, reibt Eure Kette mit Brotkrumen blank! – Einen Humpen Wein, Maria!

MALVOLIO: Jungfer Maria, wenn Ihr meines Fräuleins Gnaden nicht geradezu verachtet, dann würdet Ihr dieses unfeine Treiben nicht noch unterstützen. Sie solls zu hören bekommen, meine Hand drauf!   *Er geht*

MARIA: Geht und brummt Euch die Ohren voll!

ANDREAS: Es wär grad so eine gute Tat, wie zu trinken, wenn man hungrig ist, den zum Zweikampf zu fordern und ihn dann einfach stocken zu lassen und zum Narren zu haben.

TOBIAS: Tu das, Junker! Ich schreibe dir eine Herausforderung, oder ich bestelle ihm deine Entrüstung mündlich.

MARIA: Bester Junker Tobias, nur heute nacht faßt Euch in Geduld: Seit dieser junge Mann vom Grafen heut bei meinem Fräulein war, ist sie ganz unruhig. Was Monsieur Malvolio betrifft, den laßt nur mir: wenn ich ihn nicht drankriege, daß es sprichwörtlich wird und daß alles lacht, dann glaubt nicht, daß ich Verstand genug habe, um auch nur gerade im Bett liegen zu können! Ich weiß, ich krieg es fertig.

TOBIAS: Sagts uns, sagts uns! Erzählt uns was von ihm!

MARIA: Nun, Herr, zuweilen ist er wie ein rechter Puritaner.

ANDREAS: Ah, wenn ich das dächte, ich wollt ihn prügeln wie einen Hund!

TOBIAS: Was, weil er ein Puritaner ist? Und hast du einen besonders guten Grund dazu, lieber Junker?

ANDREAS: Keinen besonders guten, aber gut genug.

MARIA: In Wirklichkeit ist er den Teufel ein Puritaner, oder irgend etwas, worauf man sich verlassen kann; außer ein Speichellecker, ein affektierter Esel, der große Worte auswendig lernt und bündelweis von sich gibt! Und so eingenommen von sich, so gestopft voll von trefflichen Eigenschaften, meint er, daß seine Glaubensregel ist, alle, die ihn nur ansehen, müssen ihn lieben. Und dieses sein Laster wird meiner Rache eine großartige Handhabe sein.

TOBIAS: Was willst du tun?

MARIA: Ich will ihm etliche verblümte Liebesbriefe in den Weg legen, worin er sich nach Bartfarbe, Form seiner Waden, Gangart, Augenausdruck, Stirn und Erscheinung höchst gefühlvoll abgebildet finden soll. Ich kann ganz wie Euer gnädiges Fräulein Nichte schreiben. Wenn wir vergessen haben, um was ein Zettel ging, dann können wir selber unsere Handschrift kaum unterscheiden.

TOBIAS: Großartig! Ich wittere eine List.

ANDREAS: Mir steigt sie auch schon in die Nase!

TOBIAS: Er soll denken, die Briefe, die du ihm da fallen läßt, kommen von meiner Nichte, und sie ist in ihn verliebt?

MARIA: Ja, Ihr habt das rechte Pferd im Auge.

ANDREAS: Und Euer Pferd soll ihn zum Esel machen?

MARIA: Ja, Esel; da bin ich sicher.

ANDREAS: Ach, das wird großartig sein!

MARIA: Ein königlicher Spaß, darauf könnt ihr euch verlassen! Ich weiß, wie meine Medizin auf ihn wirken wird. Ich will euch beide

dort verstecken – und der Narr kann der dritte sein –, wo er den
Brief finden wird. Gebt acht, was er draus macht! Für heute nacht
zu Bett, und träumt, wies sein wird! Lebt wohl.   *Ab*

TOBIAS: Gute Nacht, Penthesilea!

ANDREAS: Meiner Treu, sie ist wirklich ein gutes Ding!

TOBIAS: Ein richtiger reinrassiger Jagdhund! und außerdem betet sie
mich an. – He?

ANDREAS: Ich wurde auch einmal angebetet.

TOBIAS: Zu Bett, Junker. – Es wäre aber gut, wenn du dir mehr Geld
kommen ließest.

ANDREAS: Wenn ich nicht Eure Nichte ergattern kann, stehts schlimm
um mich.

TOBIAS: Laß nur Geld kommen, Junker! Wenn du sie nicht am Ende
doch noch kriegst, so nenn mich einen Lumpen!

ANDREAS: Wenn ich das nicht tu, so glaubt mir nie mehr was! Nehmts,
wie Ihr wollt.

TOBIAS: Komm, komm! Ich geh und brau jetzt Glühwein; es ist zu
spät, jetzt noch zu Bett zu gehen. Komm, Junker, komm!   *Beide ab*

4. Szene

Zimmer im Palast des Herzogs.
Herzog, Viola, Curio und andere.

HERZOG: Macht mir Musik! – Ah, guten Morgen, Freunde!
Lieber Cesario, nun das eine Lied nur!
Dies alte, seltsame von gestern abend;
Mir wars, als linderte es sehr mein Leid,
Mehr als gesuchter Witz und leichte Weisen
Unserer raschen, schwindlig-tanzenden Zeit. –
Kommt, *eine* Strophe nur!

CURIO: Der ist nicht da, verzeihn Euer Gnaden, der es singen sollte.

HERZOG: Wer war es?

CURIO: Feste, der Spaßmacher, Herr; ein Narr, an dem Fräulein Olivias Vater großen Gefallen fand. Er ist irgendwo im Haus.

HERZOG: Sucht ihn und spielt einstweilen die Musik.
                              (Curio ab. Musik)
Komm her, mein Junge! – Wenn du jemals liebst,

Dann denk an mich in jenen süßen Qualen,
Denn alle sind wie ich, die wirklich lieben,
Unstet und launisch in allem, was sonst ist;
Nur nicht im ständigen Bild des Geschöpfes,
Welches wir lieben. – Magst du diese Weise?

VIOLA: Sie weckt ein Echo in der Brust, grad dort,
Wo Liebe thront.

HERZOG:　　　　　　Du sprichst ganz meisterhaft.
Ich wett mein Leben drauf, so jung du bist,
Ruhte dein Aug doch dort schon, wo es liebte. –
Nicht, Junge?

VIOLA:　　　　Dank Eurer Gnade, Herr: ein wenig schon.

HERZOG: Was für ein Mädchen ists?

VIOLA:　　　　　　　　　　　Euch ähnlich an Erscheinung.

HERZOG: Dann ist sie dich nicht wert! – Und sag, wie alt?

VIOLA: Etwa wie Ihr, Herr.

HERZOG:　　　　　　Himmel! Viel zu alt!
Die Frau soll doch noch immer einen nehmen,
Der älter ist als sie, dann paßt sie zu ihm,
Dann herrscht sie sicher in des Gatten Brust:
Denn, Junge, wie wir uns auch brüsten; unsre
Herzen sind schwindlig, unbeständiger,
Gieriger, rascher schwankend hin und her
Als die der Frauen.

VIOLA:　　　　　　Ja, das glaub ich, Herr.

HERZOG: Drum laß dein Lieb jünger sein als du selbst bist,
Sonst dauert deine Neigung nicht lang an. –
Denn Frauen sind wie Rosen: bis zum Grund
Einmal entfaltet, fallen sie zur Stund.

VIOLA: So sind sie, ja! Wie traurig, so zu sein;
Sterben, wenn zur Vollendung sie gedeihn.

　　　　　　　　　　Curio kommt zurück, mit ihm der Narr

HERZOG: O, Bursche! Komm: das Lied von gestern abend!
Hör zu, Cesario; es ist alt und einfach;
Die spinnen, stricken, frei in Sonne und Wind,
Die Mädchen, die am Spitzenklöppeln sind,
Die singen es: einfältig ists, das stimmt,
Und spielt auch mit der Unschuld unsrer Liebe

So wie in alter Zeit.

NARR: Seid Ihr bereit, Herr?

HERZOG: Ja, ich bitt Euch, singt!   *Musik*

NARR *(singt)*:
's ist genug, 's ist genug, Tod!
Komm, bett mich in dunkle Zypressen!
Denn mich schlug, denn mich schlug bittre Not:
Ein schöns Mädchen hat bös mich vergessen.
Mit Rosmarin mein Laken weiß
Wollt breiten!
Ich muß den Tod so kalt wie Eis
Treu leiden.

Keine Blum', keine Blum' süß
Für mein' schwarzen Sarg sei gebrochen;
Kein Freund, nein, kein Freund komm und grüß
Meinen Leib, meine armen Knochen.
Und vieltausende Seufzer wehrt ab:
Scharrt mich ein,
Daß kein Liebender finde mein Grab
Und drauf wein'.

HERZOG: Da, für deine Müh.   *Gibt ihm Geld*

NARR: Keine Müh, Herr! das Singen ist mir ein Vergnügen, Herr.

HERZOG: Dann bezahl ich dir dein Vergnügen!

NARR: Wahrlich, Herr, Vergnügen macht sich bezahlt, über kurz oder lang.

HERZOG: Nun gestatte mir, mich von dir zu verabschieden.

NARR: Der schwermütige Gott behüte dich, und der Schneider mache dir ein Wams aus schillerndem Taft, denn dein Gemüt ist ein richtiger Opal! Ich wollte, daß man Männer von solcher Beständigkeit zur See schickte, damit sie alles besorgen müßten und ihr Ziel überall wäre, denn so hat man immer eine gute Reise: ohne bestimmtes Ziel. Lebt wohl!   *Ab*

HERZOG: Die andern sollen gehn!   *(Curio und Gefolge ab)*
Nochmals, Cesario,
Geh hin zu ihr, zu jener grausamen Hoheit!
Sag: Meine Liebe, edler als die Welt,
Gibt nichts auf weite Flächen staubigen Bodens.

Die Gaben, die das Glück ihr zugeteilt hat,
Sag ihr, gelten mir wenig wie das Glück;
Doch dieses Wunder, dieses höchste Kleinod,
Drein die Natur *sie* faßte, zieht mein Herz an.
VIOLA: Doch wenn sie Euch nicht lieben kann, mein Herr?
HERZOG: Das nehm ich nicht zur Antwort.
VIOLA: Doch Ihr müßt!
Nehmt an, ein Fräulein, wies vielleicht eins gibt,
Hat gradsoviel Herzweh aus Lieb zu Euch
Wie um Olivia Ihr: doch könnt Ihr sie
Nicht lieben. Und Ihr sagt ihr das: Muß sie nicht
Drauf hören dann?
HERZOG: Nein, keines Weibes Brust
Kann solche starke Leidenschaft ertragen,
Wie *mein* Herz fühlt; kein Frauenherz faßt so viel.
Keins ist so groß; sie könnten es nicht halten.
Ach, ihre Liebe ist nur Appetit,
Bewegt den Gaumen nur, nicht Herz und Nieren,
Leidet drum leicht an Sattheit, Fülle, Ekel;
Doch mein Herz ist so hungrig wie das Meer
Und kann Soviel verschlingen! Drum vergleich nicht
Die Liebe, die ein Weib zu mir könnt fühlen,
Mit meiner zu Olivia!
VIOLA: Ja; doch weiß ich …
HERZOG: Was weißt du?
VIOLA: Wie das tut:
Wie Frauen Männer lieben! – nur zu gut!
Bei meiner Seel, die sind so treu wie wir.
Mein Vater hatte eine Tochter, die
Liebt' einen Mann, so sehr, wie ich, wenn ich
Vielleicht ein Weib wär, Euch, mein Fürst, wohl liebte.
HERZOG: Ihre Geschichte dann?
VIOLA: Ein leeres Blatt.
Denn sie bekannte ihre Liebe niemals,
Sondern sie ließ ihr Schweigen, wie den Wurm,
Der Blüten frißt, an ihrer Wange nagen.
So litt sie in Gedanken, grün und gelb
Vor Schwermut, wie der Engel der Geduld

Dem Gram zulächelnd sitzt auf einem Grabstein.
War das nicht wirklich Liebe? – Zwar, wir Männer
Sagen wohl mehr und schwören mehr, doch – wirklich –
Die Treu ist schwächer als der Prunk der Triebe:
Im Schwören sind wir groß, klein in der Liebe.
HERZOG: Starb deine Schwester denn an dieser Liebe?
VIOLA: Aus meines Vaters Haus blieb ich nur übrig
    An Schwestern und an Brüdern. Doch ich weiß nicht …
    Herr, soll ich hin zum Fräulein? –
HERZOG: Ja, das wars!
    Eil hin! gib ihr den Edelstein da; sage,
    Daß ich nicht absteh und kein Nein ertrage.   *Beide ab*

5. Szene

Olivias Garten.
Tobias, Andreas und Fabian.

TOBIAS: Komm nur, Signor Fabian!

FABIAN: Ja, ich komm schon, wenn mir nur das Geringste von diesem Spaß entgeht, soll mich die Melancholie zu Tode kochen!

TOBIAS: Würde dich das nicht freuen, wenn diesem knauserigen, lumpigen Spitzbuben Schimpf und Schande angetan wird?

FABIAN: Ich würde jubilieren, Mensch! Ihr wißt, er hat mich einmal wegen einer Bärenhetze hier bei unserem Fräulein in Ungnade gebracht.

TOBIAS: Ihm zum Ärger wollen wir den Bären nochmals vornehmen und ihn braun und blau prellen! Nicht wahr, Junker Andreas?

ANDREAS: Wenn nicht, so ists der Jammer unsres Lebens!

Maria kommt

TOBIAS: Da kommt die kleine Spitzbübin! Wie gehts, du Goldschatz Indiens?

MARIA: Schnell ihr drei hinter diesen Buchsbaum! Malvolio kommt diesen Gang herunter. Er war drüben in der Sonne und hat seinem eigenen Schatten Manieren beigebracht, seit einer halben Stunde! Seht ihm gut zu, schon des Spotts wegen. Denn ich weiß, dieser Brief wird einen tiefsinnigen Idioten aus ihm machen. Still, dem Spaß zuliebe! Du lieg da *(Wirft einen Brief zu Boden)*, denn dort kommt die Forelle, die mit Kitzeln gefangen werden muß!   *Ab*

Malvolio tritt auf

MALVOLIO: Nur aufs Glück kommts an, Glück ist alles. Unlängst sagte mir schon Maria, sie sei mir geneigt; und ich hab sie selbst schon fast andeuten gehört, wenn jemand ihr gefiele, das müsse einer von *meiner* Erscheinung sein. Auch begegnet sie mir mit viel größerem Respekt als irgendwem sonst von ihrem Gefolge. Was soll ich davon halten?

TOBIAS: Der überhebliche Schuft!

FABIAN: O, still! Das Nachdenken macht einen richtigen Truthahn aus ihm! Wie er sich aufplustert unter seinen gespreizten Federn!

ANDREAS: Sakrament, ich könnte den Schurken so prügeln!

FABIAN: Still, sag ich!

MALVOLIO: *Graf* Malvolio zu sein!…

TOBIAS: Du Schurke!

ANDREAS: Totschießen, totschießen!

FABIAN: Still! Still!

MALVOLIO: Es gibt Beispiele: Die Gräfin von Strachy hat den Garderobemeister geheiratet…

ANDREAS: Pfui über ihn! Jezebel!

FABIAN: Ach still! Jetzt ist er mitten drin. Seht, wie die Einbildung ihn aufbläst!

MALVOLIO: Bin ich dann drei Monate mit ihr verheiratet und sitze in meinem Prunksessel…

TOBIAS: Hätt ich doch einen Flitzbogen, um ihn ins Aug zu schießen!

MALVOLIO: … und riefe ich meine Beamten zu mir, ich in meinem geblümten Samtrock, eben vom Sofa aufgestanden, wo ich Olivia schlafend zurückgelassen habe…

TOBIAS: Pech und Schwefel!

FABIAN: O Still! Still!

MALVOLIO: Und dann meiner Würde entsprechend aufzutreten… sie erst mit einem Blick zu messen, der ihnen sagt, *ich* kenne *meinen* Platz und wünsche, *sie* mögen auch den *ihren* kennen; und dann nach meinem Vetter Tobias zu fragen…

TOBIAS: Fesseln und Bolzen!

FABIAN: O still, still! – Jetzt, jetzt!

MALVOLIO: Sieben von meinen Leuten springen mit gehorsamer Eile auf, ihn holen. Ich runzle mittlerweile die Stirne; und vielleicht ziehe ich meine Uhr auf oder spiele mit meiner – *(faßt sich an die*

Zwölfte Nacht oder Was ihr wollt

Amtskette, besinnt sich aber) – mit irgendeinem kostbaren Juwel.
Tobias nähert sich mir, macht gleich seine Verbeugung vor mir …
TOBIAS: Soll dieser Kerl leben bleiben?!
FABIAN: Und wenn man uns unser Schweigen mit Roß und Wagen aus dem Mund reißen müßte, bleibt still!
MALVOLIO: Ich halte ihm so die Hand hin, aber das Lächeln, das ich ihm als Familienmitglied schenke, lösche ich gleich wieder durch einen strengen, gebieterischen Blick aus …
TOBIAS: Und schlägt Tobias dir dann nicht eins aufs Maul?
MALVOLIO: Und sage »Vetter Tobias, mein Schicksal, das mich Eurer Nichte auferlegt hat, erteilt mir das Vorrecht, Euch zu sagen …«
TOBIAS: Was? Was?
MALVOLIO: »Ihr müßt Euer Trinken lassen.«
TOBIAS: Pack dich, du Lump!
FABIAN: Pst! Geduld, sonst brechen wir unserem Plan den Hals.
MALVOLIO: »Außerdem vergeudet Ihr Eure kostbare Zeit mit einem Dummkopf von Ritter …«
ANDREAS: Das bin ich, verlaßt euch drauf!
MALVOLIO: »namens Junker Andreas …«
ANDREAS: Ich hab gewußt, das war ich, denn mich nennen viele einen Dummkopf!
MALVOLIO *(sieht den Brief)*: Was hätten wir denn da?
FABIAN: Jetzt läuft die Schnepfe gleich ins Garn!
TOBIAS: Still doch! Geist des Spaßes, gib, daß er laut liest!
MALVOLIO *(hebt den Brief auf)*: So wahr ich lebe, meines Fräuleins Hand! Das ist haargenau ihr F, ihr U und ihr T; und so macht sie ihr großes P! Ganz ohne Frage, das ist ihre Hand.
NARR: Ihr F, ihr U und ihr T; warum grad das?
MALVOLIO: »Dem Geliebten, der von meiner Liebe noch nichts weiß, dies und meine besten Wünsche.« – Ganz ihre Sprache! – Gestatte, Siegellack! – Sachte – und das Petschaft hier ihre Lukrezia, mit der sie gewöhnlich siegelt: 's ist mein Fräulein! An wen das sein mag?
FABIAN: Das fängt ihn ein, mit Leib und Seele!
MALVOLIO *(liest)*: »Jupiter weiß, ich liebe;
    Doch wen?
    Das verschweig, meine Lippe!
    Kein Mann erfahr deine Liebe.«
»Kein Mann erfahr« – Was kommt dann? – Das Versmaß ändert sich.

»Kein Mann erfahr.« Wenn das du wärst, Malvolio?!

TOBIAS: An den Galgen, du Frechdachs!

MALVOLIO (liest weiter). »Ich liebe, wo ich könnt befehlen
Doch wie Lukrezias Dolch, o Schmerz,
Trifft mich der Zwang, dies zu verhehlen:
M.O.A.I., dein ist mein Herz.«

FABIAN: Ein überladenes Rätsel!

TOBIAS: Ein Prachtmädel, sag ich Euch!

MALVOLIO: »M.O.A.I., dein ist mein Herz.« – Nein, aber zuerst einmal
laßt sehen, laßt sehen, laßt sehen.

FABIAN: Was die ihm für ein Gift gemischt hat!

TOBIAS: Und wie der Falke gleich sich darauf stürzt!

MALVOLIO: »Ich liebe, wo ich könnt befehlen.« Nun ja, sie könnte mir
ja befehlen. Ich diene ihr, sie ist mein Fräulein. Ja, das leuchtet sogar dem ganz gewöhnlichen Menschenverstand ein; dagegen ist
nichts einzuwenden. Und das Ende – was soll diese Buchstaben-
reihe bedeuten? Wenn ichs machen könnt, daß die mit den meinen
übereinstimmten – sachte! M.O.A.I. –

TOBIAS: O!A!I! das bring du nur heraus! Jetzt ist er auf der falschen
Fährte.

FABIAN: Der Spürhund wird trotzdem gleich anschlagen, auch wenns
nach Fuchs stinkt.

MALVOLIO: M – Malvolio. M – nun ja, so fängt mein Name an.

FABIAN: Sagt' ich nicht, er bringt was heraus? Ein trefflicher Köter für
die falsche Fährte!

MALVOLIO: M. – Aber was dann kommt, das trifft nicht zu; nicht bei
näherer Betrachtung. Als nächstes sollte das A kommen, aber es
kommt das O.

FABIAN: Und mit O hörts auch auf, hoff ich!

TOBIAS: Ja, oder ich prügle ihn, bis er O schreit!

MALVOLIO: Und das I folgt dann nach.

FABIAN: I, daß dich doch …! – Wenn du hinten Augen hättest, dann
könntest du sehen, daß dir mehr Schande auf den Fersen nachfolgt,
als dir jetzt Glück vorschwebt.

MALVOLIO: M.O.A.I. – Diese Anspielung paßt nicht so gut wie die vo-
rige; und doch, wenn man's ein wenig dreht, paßt sie auf mich,
denn jeder dieser Buchstaben kommt in meinem Namen vor. – Ah,
hier folgt Prosa. (liest:) »Falls dies in deine Hände fällt, erwäg es.

Mein Gestirn steht höher als deins, aber fürchte dich nicht vor Größe: Einige werden groß geboren, einige arbeiten sich zur Größe empor, und einigen fällt Größe zu. Dein Schicksal breitet seine Arme aus; umarm du es mit Leib und Seele. Und um dich an das zu gewöhnen, was du wohl werden wirst, streif deine demütige Hülle ab und zeig dich in neuer Gestalt. Sei trotzig gegen einen Verwandten, herrisch gegen die Bedienten, laß Staatsgespräche auf deiner Zunge ertönen; zeige in allem deine Einmaligkeit. Das rät dir, die nach dir seufzt. Denk dran, wer deine gelben Strümpfe lobte und deine Strumpfbänder immer kreuzweise gebunden zu sehen wünschte: ich sage dir, denk dran! Nur zu, du bist ein gemachter Mann, wenn du nur willst; wenn nicht, so laß mich dich nur weiter als Haushofmeister sehen, als Gefährten von Lakaien, unwert auch nur Fortunas Finger zu berühren. Leb wohl; von ihr, die die Rolle der Dienstbarkeit mit dir tauschen möchte,

der beglückten Unglücklichen«

Klar wie Sonnenlicht und freies Feld: da liegt alles offen zutage! Ich will stolz sein, ich will politische Bücher lesen, ich will Junker Tobias abblitzen lassen! Was meine Bekannten niederen Standes betrifft, will ich den Staub von meinen Füßen schütteln, ich will Punkt für Punkt der rechte Mann sein! Jetzt rede ich mir nicht mehr ein, daß ich mir nur von meiner Einbildung schmeicheln lasse; denn jedes Argument beweist, daß das Fräulein mich liebt. Sie wars, die unlängst meine gelben Strümpfe lobte, sie rühmte meine kreuzweis gebundenen Strumpfbänder; und hier nun offenbart sie sich meiner Liebe und nötigt mich durch eine Art Befehl, mich nach ihrem Geschmack zu kleiden. Ich danke meinen Sternen für mein Glück! Ich will Abstand wahren, herrisch sein, in gelben Strümpfen und mit kreuzweis gebundenen Strumpfbändern, so rasch ich sie nur anlegen kann! Jupiter und meinen Sternen sei Dank! – Hier ist noch eine Nachschrift. *(liest:)*
»Dir kann nicht entgehen, wer ich bin. Wenn dir meine Liebe zusagt, so zeig es durch dein Lächeln. Dein Lächeln steht dir gut. drum lächle stets in meiner Gegenwart, mein teurer Schatz, ich bitt dich drum.«
Jupiter, ich danke dir! Ich will lächeln! Ich will alles tun, was du von mir willst! *Ab*

FABIAN: Ich wollte meinen Teil an diesem Spaß nicht für eine Jahres-
rente von Tausenden hergeben, und wenn der Schah von Persien sie
mir aussetzte!

TOBIAS: Für diesen Streich könnt ich das Mädchen zur Frau nehmen!

ANDREAS: Ich auch!

TOBIAS: Und ohne eine andre Mitgift von ihr zu verlangen als noch einen solchen Spaß!

ANDREAS: Ich auch nichts sonst!

FABIAN: Hier kommt unsere edle Vogelstellerin!   *Maria tritt auf*

TOBIAS: Willst du deinen Fuß auf meinen Nacken setzen?

ANDREAS: Oder auch auf meinen?

TOBIAS: Soll ich beim Würfeln meine Freiheit gegen dich setzen und
dein Sklave werden?

ANDREAS: Meiner Treu, oder soll *ich's*?

TOBIAS: Ach, du hast ihn in einen solchen Traum gewiegt, daß er toll
werden muß, wenn ihn das Traumbild verläßt!

MARIA: Nein, sagt die Wahrheit; hat's auf ihn gewirkt?

TOBIAS: Wie Branntwein wirkt auf eine alte Vettel!

MARIA: Nun, wenn ihr die Früchte unsres Spaßes sehen wollt, gebt
acht, wie er das nächste Mal vor dem gnädigen Fräulein erscheinen
wird. Er wird in gelben Strümpfen bei ihr vorsprechen, und das ist
eine Farbe, die sie nicht ausstehen kann; und mit kreuzweise gebundenen Strumpfbändern, eine Mode, die sie verabscheut. Und er
wird sie anlächeln, was ihrer Laune völlig widerspricht, weil sie
sich doch der Schwermut ergeben hat, so daß es ihn bei ihr völlig
verächtlich machen muß. Wollt ihr das sehen, so kommt mit mir.

TOBIAS: Bis zu den Toren des Tartarus, du unvergleichlicher Witzteufel!

ANDREAS: Ich will auch mit dabei sein!   *Alle ab*

Dritter Akt

1. Szene

Olivias Garten.
Viola und der Narr mit einer Trommel.

VIOLA: Gott grüß dich, Freund, und deine Musik! Du hängst wohl an deiner Trommel?

NARR: Nein, Herr, ich hänge der Kirche an. Die steht mir nah.

VIOLA: So bist du ein Mann der Kirche?

NARR: Das nicht, Herr; die Kirche steht mir nah, weil mein Haus nah bei der Kirche steht, richtig dran angehängt.

VIOLA: Da könntest du auch sagen, der König schläft beim Bettelweib, wenn das Bettelweib in der Nähe des Königsschlosses schläft; oder die Kirche hängt an der Trommel, wenn die Trommel an der Kirche hängt.

NARR: Wie Ihr sagt, Herr! Seht doch nur unsere Zeit an! – So ein Satz ist für einen witzigen Kopf nur ein Bockslederhandschuh: so schnell kann man die verkehrte Seite nach außen kehren.

VIOLA: Ja, das steht fest: wer mit Worten gut *spielen* kann, der kann sie auch schnell liederlich machen.

NARR: Drum wollt ich, man hätt' meiner Schwester keinen Namen gegeben, Herr.

VIOLA: Warum, mein Lieber?

NARR: Ja, Herr, ihr Name ist ein Wort, und das Spielen mit diesem Wort könnte meine Schwester liederlich machen. Aber wirklich, die Worte sind rechte Schufte, seit sie durch Verschreibungen zuschanden geworden sind.

VIOLA: Dein Grund, mein Lieber?

NARR: Wahrhaftig, Herr, Grund geben kann ich Euch keinen ohne Worte, und Worte sind so falsch geworden, daß ich keinen vernünftigen Grund auf sie bauen will.

VIOLA: Ich wette, du bist ein lustiger Geselle und machst dir aus gar nichts was.

NARR: Nicht doch, Herr; ich mach mir doch aus etwas was. Aber, auf mein Gewissen, Herr, aus Euch mach ich mir nichts. – Und wenn das heißt, daß ich mir aus nichts was mache, Herr, dann wollt' ich, es würde Euch unsichtbar machen.

VIOLA: Bist du nicht Fräulein Olivias Narr?

NARR: Nein, keineswegs, Herr; Fräulein Olivia hat keine Narrheit. Und sie wird keinen Narren ihr Eigen nennen, Herr, bis sie verheiratet ist. Narren verhalten sich nämlich zu Ehemännern wie Sardinen zu Heringen; der Ehemann ist der Größere. Ich bin in Wirklichkeit nicht ihr Narr, sondern ihr Wortverdreher.

VIOLA: Ich sah dich unlängst beim Grafen Orsino.

NARR: Die Narrheit, Herr, geht rund um die Welt wie die Sonne: sie leuchtet überall. Das tät mir leid, Herr, wenn der Narr nicht grad so oft bei Eurem Herrn wär wie bei meinem Fräulein. Ich glaub, ich sah auch Eure Weisheit dort.

VIOLA: Nein, wenn du's wieder auf mich anlegst, dann hab ich nichts mehr mit dir zu schaffen. Wart, da hast du was für dich!

NARR: So möge Jupiter, wenn er nächstens Haare übrig hat, dir einen Bart schicken.

VIOLA: Meiner Treu, ich sag dir, ich sehne mich fast krank nach einem! – obwohl ich nicht wollt, daß er auf meinem Kinn wüchse. Ist dein Fräulein zu Hause?

NARR *(zeigt auf das Geld)*: Würde nicht ein Paar von denen da gebrütet haben, Herr?

VIOLA: Ja, wenn man sie zusammenhielte und wirtschaften ließe.

NARR: Ich würde auch den Herrn Pandarus von Phrygien spielen, um diesem Troilus eine Cressida zuzuführen!

VIOLA: Ich versteh Euch, Freund: Ihr bettelt gut.

NARR: Ich hoff, es gilt nicht viel, Herr! Ich bettle nur um eine Bettlerin: Cressida war eine Bettlerin. Mein Fräulein ist zuhause, Herr. Ich will drinnen sagen, woher Ihr kommt; wer Ihr seid und was Ihr wollt, da bin ich nicht in meiner Sphäre; ich könnt sagen »in meinem Element«, aber das Wort ist zu abgenutzt.   *Ab*

VIOLA: Der Bursch ist klug genug, den Narr'n zu spielen,
    Das gut zu tun, dazu gehört viel Witz:
    Die Laune derer, über die er scherzt, muß
    Er kennen, ihren Stand, und seine Zeit,
    Und wie ein Falk' auf jede Feder nieder,
    Die ihm vors Auge kommt. Dies ist ein Handwerk
    So voller Mühe wie die Kunst des Weisen.
    Denn Narrheit, die er weislich zeigt, ist Witz;
    Des Weisen Narrheit doch ist keinem nütz.

            Tobias und Andreas treten auf

TOBIAS: Gott grüß Euch, edler Herr!

VIOLA: Und Euch auch, Junker!

ANDREAS: Dieu vous garde, monsieur.

VIOLA: Et vous aussi; votre serviteur.

ANDREAS: Ich hoffe, Herr, Ihr seids; und ich der Eure.

TOBIAS: Wollt Ihr Euch unserm Hause zuwenden? Meine Nichte wünscht, Ihr möget eintreten, wenn Euer Geschäft sie betrifft.

VIOLA: Ich bin Eurer Nichte verbunden, Junker: ich will sagen, durch meinen Auftrag, zu ihr zu gehen.

TOBIAS: So kostet Eure Beine, Herr; setzt sie in Bewegung.

VIOLA: Meine Beine verstehen mich besser, Herr, als ich verstehe, was Ihr damit meint, daß ich meine Beine kosten soll.

TOBIAS: Ich meine: nur zu, Herr! Tretet ein!

VIOLA: Ich will Euch durch mein Gehen und Eintreten antworten. – Aber man kommt uns zuvor.   *(Olivia und Maria kommen)*
Höchst vortreffliches, erlauchtes Fräulein, der Himmel regne Düfte auf Euch nieder!

ANDREAS: Dieser Jüngling ist ein seltener Hofmann. »Regne Düfte« ist gut!

VIOLA: Mein Auftrag hat keine Stimme, Fräulein, außer Eurem eigenen empfängniswilligen Ohr, falls Ihr mir Gehör schenkt.

ANDREAS: »Düfte«, »empfängniswillig und »Gehör schenken«, die will ich alle drei auswendig lernen.

OLIVIA: Laßt die Gartentür schließen und verlaßt mich, daß ich ihn anhöre.   *(Tobias, Andreas, Maria ab)*
Gebt mir die Hand, Herr!

VIOLA: Madam, ich steh Euch demütigst zu Diensten.

OLIVIA: Wie heißt Ihr?

VIOLA: Euer Diener
Nennt sich Cesario, reizende Prinzessin!

OLIVIA: *Mein* Diener, Herr? Die Welt ist nie mehr froh,
Seit niedre Heuchelei als Kompliment gilt.
Orsinos Diener seid Ihr, junger Mann!

VIOLA: Und er der Eure; seiner drum auch Eurer:
Der Diener Eures Dieners *Euer* Diener!

OLIVIA: Ach, er! Ich denk an ihn nicht! Lieber wollt ich,
Er dächt an gar nichts, als daß er an *mich* denkt!

VIOLA: Fräulein, ich soll *Eure* holden Gedanken

Für ihn gewinnen! –

OLIVIA: Ach! laßt! entschuldigt mich!
Ich hieß Euch niemals wieder von ihm reden. –
Doch, hättet Ihr ein anderes Gesuch,
So wollt ich Eure Bitten lieber hören
Als die Musik der Sphären!

VIOLA: Teures Fräulein! –

OLIVIA: Laßt, bitte, noch! Nach Eurem Zauber, den Ihr
Letzthin verübt habt hier, machte ich Jagd auf Euch
Mit einem Ring: ich sündigte an mir,
Meinen Bedienten, und, ich fürcht, auch Euch.
Ich muß vor Euch in schlimmem Licht dastehen,
Weil ich mit unwürdiger List Euch aufzwang,
Was nicht das Eure war; Ihr wußtet's. Was
Mußtet Ihr denken? Ward nicht meine Ehre
Zu Eurem Wild, das Ihr mit allen Hunden
Aller entfesselten Gedanken hetztet,
Die ein tyrannisches Herz ersinnt? – Für einen,
Der rasch begreift wie Ihr, zeigt sich genug:
Ein Schleier, keine Brust, verbirgt mein Herz.
So; sprecht nun Ihr!

VIOLA: Ihr dauert mich.

OLIVIA: Das ist
Ein Schritt zur Liebe.

VIOLA: Nein, noch nicht ein Fußbreit.
Bekanntlich dauern uns ja oft selbst Feinde.

OLIVIA: Ach, dann ists, glaub ich, Zeit, wieder zu lächeln. –
O Welt! Wie leicht wird doch der Arme stolz!
Und, muß man Beute sein, um wieviel besser
Dem Löwen zuzufallen als dem Wolf!   *(Die Uhr schlägt)*
Die Uhr beschuldigt mich der Zeitvergeudung. –
Bangt nicht, mein junger Freund! ich will Euch gar nicht!
Und doch, wenn Eurer Jugend Geist erst reift,
So Erntet Eu'r Weib einst einen rechten Mann.
Dorthin des Wegs, westwärts.

VIOLA: Auf denn, nach Westen! –
Euch, Fräulein, alles Gute, Glück und Frohsinn! –
Doch sagt Ihr mir kein Wort für meinen Herrn?

           Zwölfte Nacht oder Was ihr wollt

OLIVIA: Wart! – Bitte, sag mir, was du von mir denkst!
VIOLA: Daß Ihr denkt, Ihr seid nicht, was Ihr doch seid.
OLIVIA: Wenn ich das denk, denk ich von Euch das gleiche.
VIOLA: Dann denkt Ihr recht: Ich bin nicht, was ich bin.
OLIVIA: Ich wollt, Ihr wärt, wie ich Euch haben wollte!
VIOLA: Madam, wär das was Bessres als ich bin? –
Ich wollt, es wärs, denn ich bin Euer Narr jetzt.
OLIVIA: O! Wieviel Schmach so schön auf seinen Lippen
Wirkt, die doch voller Zorn sind und Verachtung!
Blutschuld sogar verrät sich nicht so schnell
Wie heimliche Liebe: ihre Nacht wird hell. –
Cesario, bei des Frühlings Rosenglut,
Bei Jungfraunehre, Wahrheit, jedem Gut:
Ich lieb dich so, trotz deinem stolzen Sinn,
Daß ich nicht meiner Sinne mächtig bin.
Drum sei nicht falschen Sinns, zieh nicht den Schluß,
Daß, weil *ich* werb, *dein* Mund nichts sagen muß.
Nein, meine Gründe laß die deinen binden:
Um Liebe *flehn* ist gut, doch besser: Liebe *finden*!
VIOLA: Unschuld und Jugend mein, Euch gilt mein Schwur:
Ich hab *ein* Herz und *eine* Wahrheit nur.
Und die besitzt *kein* Weib; keine wird sein,
Die meine Herrin ist, als ich allein.
Lebt wohl, lieb Fräulein, ich trag nimmermehr
Die Seufzer meines Herren zu Euch her!
OLIVIA: O, komm zurück! dir könnts sogar gelingen,
Dies Herz, das ihn nicht will, zur Lieb zu ihm zu bringen!

Beide ab

2. Szene

Zimmer in Olivias Haus.
Tobias, Andreas und Fabian.

ANDREAS: Nein, meiner Treu, ich bleib keinen Augenblick länger!
TOBIAS: Warum denn nicht, mein lieber Hitzkopf? Sag doch, warum
nicht?
FABIAN: Ihr müßt wirklich sagen, warum, Junker Andreas!

ANDREAS: Gut; ich sah Eure Nichte, wie sie des Herzogs Diener mehr Gunst bezeigte als jemals mir. Ich sahs im Garten.

TOBIAS: Hat Sie dabei auch dich gesehen, alter Knabe? Sag mir das.

ANDREAS: So deutlich, wie ich *Euch* jetzt seh.

FABIAN: Dann war das ein starker Beweis ihrer Liebe zu Euch.

ANDREAS: Sakrament! Wollt Ihr sagen, ich bin ein Esel?

FABIAN: Ich will es beweisen! Rechtlich, Herr, auf Eidschwur von Urteil und Vernunft.

TOBIAS: Und die waren schon Geschworene, noch ehe Noah zur See fuhr.

FABIAN: Sie hat dem jungen Mann vor Euren Augen Gunst bezeigt, um Euch aufzustacheln, um Euren Siebenschläfer von Mannesmut zu erwecken, um Feuer in Euer Herz zu tun und Schwefel in Eure Leber. Da hättet Ihr sie an Ort und Stelle zur Rede stellen und mit ein paar tüchtigen, funkelnagelneugemünzten Späßen dem Bürschlein das Maul stopfen sollen! *Das* hat sie von Euch erwartet, und darin habt Ihr sie enttäuscht: Das doppelte Gold dieser Gelegenheit habt Ihr von der Zeit wegwaschen lassen, und nun freilich seid Ihr in des Fräuleins Meinung in den kalten Norden gesegelt, wo Ihr hangen werdet wie ein Eiszapfen an eines Holländers Bart, außer wenn Ihrs durch irgendeinen lobenswerten Streich der Tapferkeit oder Politik wieder gutmacht.

ANDREAS: Wenn überhaupt, so muß es durch Tapferkeit sein. Denn die Politik hasse ich. Ich wär grad so gern ein Pietist wie ein Politikus!

TOBIAS: Nun gut, so bau mir dein Glück aufs Fundament deiner Tapferkeit! Fordere mir des Herzogs Burschen zum Zweikampf heraus; verwunde ihn an elf Stellen: meine Nichte solls zu hören bekommen. Und, da kannst du sicher sein, es gibt keinen Kuppler in der ganzen Welt, der einen Mann den Weibern so empfehlen kann wie der Ruf seiner Tapferkeit.

FABIAN: Es ist kein Weg als dieser, Junker Andreas.

ANDREAS: Will ihm einer von euch meine Herausforderung an ihn überbringen?

TOBIAS: Geh, schreib sie in einer martialischen Hand, sei scharf und knapp; es kommt nicht drauf an, wie witzig sie ist, solange sie nur beredt und voll Phantasie ist: Setze ihm mit der Freiheit der Tinte zu; wenn du ihn an die dreimal duzest, das kann nichts schaden. Und schreib soviele Lügen hin, als auf deinem Blatt Papier liegen können, auch wenn das Blatt so groß wie das große Bett von Ware in England wär! Geh, nur zu! Sieh zu, daß Galle genug in deiner Tinte ist, – auch wenn du mit einer Gänsefeder schreibst. Das tut nichts: nur zu!

ANDREAS: Wo treff ich euch dann?

TOBIAS: Wir suchen dich in deinem cubiculo auf: geh nur!

Andreas ab

FABIAN: Das Kerlchen ist Euch teuer, Junker Tobias!

TOBIAS: Ich bin ihm teuer geworden, Junge: etliche Zweitausend, so ungefähr.

FABIAN: Das wird aber ein kostbarer Brief werden, Ihr liefert ihn doch nicht ab?

TOBIAS: Nein? Dann sollt Ihr mir nie mehr trauen! Aber vor allem stachelt den jungen Burschen an, daß er ihm Bescheid gibt! Ich glaube, die zwei könnte man nicht einmal mit Ochsen und Wagenseilen zueinander zerren. Was Andreas betrifft, wenn man den öffnete, und Ihr fändet in seiner Leber auch nur soviel Blut, daß ein Floh sich den Fuß damit verkleben könnt, so will ich den ganzen übrigen Kerl auffressen!

FABIAN: Und seinem Gegner, dem jungen Burschen, steht auch nicht gerade großer Blutdurst ins Gesicht geschrieben. *Maria kommt*

TOBIAS: Seht, da kommt unser Nesthäkchen, das jüngste von neun Zaunkönigskindern!

MARIA: Wenn ihr euch kranklachen wollt, daß euch die Seiten stechen, dann kommt mit mir! Dieser Dummkopf Malvolio ist ein Heide geworden, ein rechter Renegat! Denn kein Christenmensch, der durch den wahren Glauben selig zu werden hofft, kann je so einen Unsinn glauben wie er. Er geht in gelben Strümpfen!

TOBIAS: Und die Strumpfbänder kreuzweis?

MARIA: Ganz abscheulich; einfach ein alter Dorfschulmeister! – Ich bin ihm nachgeschlichen wie ein Meuchelmörder. Er richtet sich nach jedem Punkt des Briefs, den ich für ihn fallen ließ. Er lächelt, daß er mehr Runzeln im Gesicht hat, als auf der neuen Weltkarte mit den beiden Indien zu sehen sind! Ihr habt sowas noch nicht gesehen. Ich kann mich kaum halten, daß ich ihm nicht etwas an den Kopf werfe! Ich weiß, das Fräulein wird ihn schlagen; und wenn sie das tut, dann wird er lächeln und wird es für eine große Gunst halten.

TOBIAS: Komm, führ uns hin! führ uns hin, wo er ist. *Alle ab*

3. Szene

SEBASTIAN: Ich hätte Euch nicht eigens so bemüht,
   Doch Ihr macht aus der Müh' Euch eine Freude,
   Da will ich nicht mehr schelten.
ANTONIO: Ich konnt Euch so nicht lassen: Mein Verlangen
   Trieb mich wie spitzer Stahl, spornte mich an;
   Nicht Sehnsucht bloß wars, Euch zu sehn; obwohl
   Auch die für eine weitere Reise langte.
   Nein, auch die Sorge, was Euch wohl gar zustieß
   Im unbekannten Land, das für den Fremdling,
   Der ohne Freund und Führer ist, sich rauh oft
   Erweist und ungastlich. Und meine Liebe,
   Ermuntert noch durch Gründe zur Besorgnis,
   Setzte Euch nach.
SEBASTIAN: Ach, mein guter Antonio!
   Ich kann Euch jetzt nur Dank zur Antwort geben,
   Und noch und noch Dank; aber gute Dienste
   Tut man oft ab mit solcher schlechten Münze. –
   Wär meine Hand so voll wie hier mein Herz,
   So wärt Ihr besser dran. – Was tun wir nun?
   Sehn wir die Altertümer dieser Stadt?
ANTONIO: Herr, morgen; seht jetzt erst nach Unterkunft!
SEBASTIAN: Ich bin nicht müd, und lang ists bis zum Abend.
   Ich bitt Euch, wolln wir erst uns sattsehn an den
   Denkmälern und weithin berühmten Dingen,
   Die diese Stadt besitzt.
ANTONIO: Ich hoffe, Ihr verzeiht mir;
   Ich geh hier nicht gefahrlos auf der Straße:
   Einst kämpfte ich zur See gegen des Herzogs
   Galeeren, ja, und dabei fiel ich auf. –
   Wenn man mich fing, ich könnt kaum Rede stehn.
SEBASTIAN: Vielleicht erschlugt Ihr viele seiner Leute?
ANTONIO: Nein, meine Schuld ist nicht so blutiger Art,
   Zwar war die Zeit und unser Streit danach,
   Uns guten Grund zu blutigem Zwist zu geben.
   Es hätt seither geschlichtet werden können

Durch Rückgabe der abgenommenen Beute,
Was auch in unsrer Stadt des Handels wegen
Die meisten taten. Ich nur tat nicht mit,
Wofür ich, falls ich hier ergriffen würde,
Teuer bezahlen müßt'.

SEBASTIAN: Dann zeigt Euch hier nicht.

ANTONIO: s' wär schlecht für mich. Da, wartet, Freund! – Mein Beutel!
Die beste Herberg' ist im »Elefanten«,
Im Süden in der Vorstadt. Ich bestell dort
Quartier und Kost für uns: Nützt Ihr die Zeit,
Seht Euch die Stadt an, mehret Euer Wissen,
Dann trefft mich dort.

SEBASTIAN: Warum *ich* Euren Beutel?

ANTONIO: Im Fall Euch eine Kleinigkeit ins Aug sticht,
Die Ihr zu kaufen wünscht; und *Eure* Barschaft,
Herr, braucht Ihr, glaub ich, und *nicht* für die Märkte.

SEBASTIAN: Ich halt das Geld für Euch und laß Euch für ein Stündchen.

ANTONIO: Im »Elefanten«!

SEBASTIAN: Ich habs mir gemerkt. *Beide gehen*

4. Szene

Olivias Garten.
Olivia und Maria.

OLIVIA: Ich hab nach ihm geschickt. Er sagt, er kommt.
Wie soll ich ihn bewirten? was ihm schenken?
Denn Jugend wird wohl öfter noch *erkauft,*
Als daß man Sie erbettelt und erborgt. –
Ich sprech zu laut. –
Wo ist Malvolio? Er ist ernst und höflich,
In meiner Lage grad der rechte Diener:
Wo ist Malvolio?

MARIA: Er kommt schon, Madam, aber in sehr sonderbarem Aufzug.
Er ist besessen, Madam. Ganz sicher.

OLIVIA: Wieso? Was tut er? Ist er tobsüchtig?

MARIA: Nein, Madam, er tut nichts als lächeln. Euer Gnaden täten
am besten, jemand zur Sicherheit bei Euch zu haben, falls er

kommt, denn der Mann ist sicher nicht richtig im Kopf.

OLIVIA: Geh, ruf ihn her … *(Malvolio tritt auf)*
So toll wie ich vielleicht,
Wenn heitre Tollheit meiner traurigen gleicht.
Wie stehts, Malvolio?

MALVOLIO: Liebstes Fräulein – ha! ha!

OLIVIA: Lächelst du?
Ich rief dich her aus einem traurigen Anlaß.

MALVOLIO: Traurig, Fräulein? – Ich *könnte* traurig sein: Das macht nämlich einigermaßen das Blut stocken, dieses Kreuzweisbinden der Strumpfbänder. Doch was liegt dran? Wenns nur Einer gefällt, so halt ichs mit dem Sonett, das sagt so wahr: »Gefällst du Einer, so gefällst du allen.«

OLIVIA: Ach, wie ist dir, Mann?! Was ist los mit dir?

MALVOLIO: Ich bin nicht schwarz im Geist, doch gelb an meinen Beinen: – Es *ist* ihm zuhanden gekommen, und Befehle sollen ausgeführt werden. Ich denke, wir kennen doch diese schöne römische Handschrift?!

OLIVIA: Willst du nicht zu Bett gehen, Malvolio?

MALVOLIO: Ja! Schätzlein, und ich komm zu dir!

OLIVIA: Gott helfe dir! Was lächelst du so und teilst immerzu Kußhände aus?

MARIA: Was ist mit Euch, Malvolio?

MALVOLIO: *Ihr* fragt?! – Gut: Nachtigall'n antworten Krähen!

MARIA: Was erscheint Ihr mit dieser lächerlichen Frechheit vor dem durchlauchtigsten Fräulein?

MALVOLIO: »Fürchte dich nicht vor Größe!« – Schön geschrieben!

OLIVIA: Aber was meinst du denn damit, Malvolio?

MALVOLIO: »Einige werden groß geboren,« –

OLIVIA: Ja?

MALVOLIO: »Einige arbeiten sich zur Größe empor,« –

OLIVIA: Was sagst du?

MALVOLIO: »Und einigen fällt Größe zu.«

OLIVIA: Der Himmel lasse dich genesen!

MALVOLIO: »Denk dran, wer deine gelben Strümpfe lobte« –

OLIVIA: Deine gelben Strümpfe?!

MALVOLIO: »Und deine Strumpfbänder kreuzweise gebunden zu sehen wünschte.«

OLIVIA: Deine Strumpfbänder kreuzweise gebunden?

MALVOLIO: »Nur zu, du bist ein gemachter Mann, wenn du nur willst.«

OLIVIA: Was hat den Mann so gemacht?

MALVOLIO: »Wenn nicht, laß mich dich nur als Diener sehen!«

OLIVIA: Er ist ja toll, als hätt er Sonnenstich! *Bedienter tritt ein*

BEDIENTER: Madam, der junge Kavalier vom Grafen Orsino ist wieder da. Ich konnte ihn kaum dazu bringen, zurückzukommen. Er wartet, daß es Euer Gnaden beliebt.

OLIVIA: Ich komme gleich zu ihm! *(Bedienter ab)*
Liebe Maria, sieh, daß man sich um diesen Menschen kümmert. Wo ist denn mein Vetter Tobias? Ruf einige von meinen Leuten, daß sie gut auf ihn achtgeben. Nicht um mein halbes Vermögen wollt ich, daß ihm etwas zustieße! *Olivia und Maria ab*

MALVOLIO: Aha! Versteht Ihr mich schon besser? Kein Geringerer als Junker Tobias soll sich um mich kümmern! Das stimmt genau mit dem Brief überein! Sie schickt ihn absichtlich, damit ich ihm unbeugsam begegne; denn dazu fordert sie mich ja im Brief auf. »Streif deine demütige Hülle ab«, sagte sie, »Sei trotzig gegen einen Verwandten, herrisch gegen Bediente; laß Staatsgespräche auf deiner Zunge ertönen; zeige in allem deine Einmaligkeit.« Und hierauf bestimmt sie auch, wie; zum Beispiel ein ernsthaftes Gesicht, eine würdevolle Haltung, langsame, gewichtige Rede, nach Art irgendeines Herren von Stand, und so weiter. Ich hab sie im Netz! Aber das ist der Götter Gnade, und die Götter mögen geben, daß ich auch dankbar bin! Und als sie jetzt fortging: »Sieh, daß man sich um diesen Menschen kümmert.« Mensch! Nicht Malvolio oder meinen Rang im Dienst, sondern *Mensch*! Ja! alles paßt zusammen, so daß kein Gran von einem Lot, kein Lot von einem Lot, kein Hindernis – kein unglaubwürdiger oder unsicherer Beweis – Was kann man denn einwenden? – Nichts, was sein kann, was zwischen mich und das ganze Panorama meiner Hoffnungen kommen könnte! Die Götter, nicht ich, haben das zustandegebracht; ihnen sei Dank.

Maria kommt mit Tobias und Fabian zurück

TOBIAS: Wohin ist er denn, bei allem, was heilig ist? Wenn alle Teufel der Hölle in ihm zusammengezogen wären und er besessen wäre von ihrem Geist Legion, so will ich doch zu ihm sprechen.

FABIAN: Da ist er, da ist er! Wie gehts, Freund? Wie gehts Euch, Mann?

MALVOLIO: Geht fort! ich entlasse euch: lasset mich meine Einsamkeit genießen! Geht fort!

MARIA: Hört, wie hohl der böse Feind aus ihm spricht? Hab ichs euch nicht gesagt? – Junker Tobias, das gnädige Fräulein bittet Euch, Euch um ihn zu kümmern.

MALVOLIO: Aha! Tut sie das?

TOBIAS: Nur zu, nur zu: Still, still! Wir müssen *sanft* mit ihm umgehen. Laßt mich nur machen! Wie stehts, Malvolio, wie ist Euch denn? He, Mann! Bietet dem Teufel Trotz! Bedenkt, er ist der Erzfeind der Menschheit.

MALVOLIO: Wißt Ihr überhaupt, was Ihr sagt?

MARIA: Da, seht ihr! Kaum sprecht ihr schlecht vom Teufel, wie er sichs zu Herzen nimmt! Gott gebe, daß er nicht verhext ist!

FABIAN: Bringt sein Wasser zur weisen Frau!

MARIA: Meiner Treu, das soll morgen früh geschehen, so Gott mir das Leben läßt. Das gnädige Fräulein möchte ihn um alles in der Welt nicht verlieren.

MALVOLIO: Da seht Ihrs, Jungfrau!

MARIA: O Gott!

TOBIAS: Ich bitte dich, bleib still! Nicht so: seht ihr nicht, daß ihr ihn aufbringt? Laßt mich allein mit ihm.

FABIAN: Nichts als Sanftmut; nur sanft, sanft! Der böse Feind ist selber grob und duldet nicht, daß man grob zu ihm ist.

TOBIAS: Also: Was machst du denn, mein Täuberich? Wie gehts denn, mein Puthähnchen?

MALVOLIO: Herr!

TOBIAS: Ja, gick-gack! Komm mit mir. – He, Mann! Das schickt sich doch nicht, mit dem Teufel Kirschkerngicksen zu spielen! Zur Hölle mit ihm, mit dem garstigen, kohlschwarzen Satan!

MARIA: Bringt ihn dazu, seine Gebete zu sagen, lieber Junker Tobias! bringt ihn zum Beten!

MALVOLIO: Meine *Gebete*, falsche Dirne!?

MARIA: Nein, seht ihr, von was Gottgefälligem will er gar nicht hören!

MALVOLIO: Geht, hängt euch alle auf! Ihr seid träge, seichte Geschöpfe! Ich bin nicht eures Gelichters. Ihr sollt schon noch mehr zu hören bekommen! *Ab*

TOBIAS: Ists möglich?!

FABIAN: Wenn man das jetzt auf der Bühne spielte, ich würde sagen:

Zwölfte Nacht oder Was ihr wollt

Nein, das ist eine ganz unwahrscheinliche Erfindung!

TOBIAS: Sein Kopf ist angesteckt von unserm Einfall.

MARIA: Ja, aber dann setzt ihm nur jetzt zu, sonst wird der Einfall an die Luft gesetzt und verraucht.

FABIAN: Aber wir werden ihn wirklich toll machen.

MARIA: Desto ruhiger wird das Haus sein.

TOBIAS: Kommt, wir wollen ihn in eine dunkle Kammer kriegen und binden. Meine Nichte glaubt schon fest dran, daß er verrückt ist; also können wir's so weitertreiben, uns zur Freude und ihm zur Strafe, bis unser Spaß müd und außer Atem ist und uns dazu bringt, uns seiner zu erbarmen. Dann bringen wir die Sache vor die Schranken und krönen dich zur Narrenfinderin. Aber seht! Seht!

Andreas kommt

FABIAN: Noch mehr Stoff für ein Fastnachtsspiel!

ANDREAS: Hier ist die Herausforderung, lest sie. Ich steh dafür, es ist Essig und Pfeffer drin!

FABIAN: So scharfe Sachen?

ANDREAS: Jawohl, ich steh ihm dafür gut: lest nur.

TOBIAS: Gib her! *(liest)* »Junger Laffe, was immer du bist, du bist nur ein Lumpenkerl.«

FABIAN: Gut und tapfer!

TOBIAS: »Wundere dich nicht und bewundere es nicht in deinem Geist, weshalb ich dich so nenne, denn ich werde dir keinen Grund dafür geben.«

FABIAN: Ein guter Zusatz, der sichert Euch vor dem Zugriff des Gesetzes.

TOBIAS: »Du kommst zu Fräulein Olivia, und vor meinen Augen ist sie freundlich zu dir. Aber du lügst in deinen Hals hinein; das ists nicht, warum ich dich fordere.«

FABIAN: Sehr kurz, und ein Ausbund an Sinn – losigkeit.

TOBIAS: »Ich will dir auf dem Heimweg auflauern; wo, falls es dir gelingen sollte, mich zu töten, …«

FABIAN: Gut!

TOBIAS: »… du mich tötest, gleich einem Schuft und einem Schurken.«

FABIAN: Da haltet Ihr Euch immer noch auf der Windseite des Gesetzes. – Gut!

TOBIAS: »Gehab dich wohl, und Gott sei einer von unseren Seelen gnädig! Er mag wohl der meinen gnädig sein, aber ich hoffe auf was

Besseres; also sieh dich vor! Dein Freund, so du ihm entsprechend
begegnest, und dein geschworener Feind Andreas Schmerzwang.«
Wenn *der* Brief ihn nicht auf die Beine bringt, so könnens seine
Beine auch nicht! Ich geb ihn ihm!

MARIA: Dazu könntet Ihr passende Gelegenheit finden: Er hat jetzt ein
Gespräch mit dem gnädigen Fräulein und wird gleich wieder gehen.

TOBIAS: Geh, Junker Andreas! lauere ihm nur an der Gartenecke auf
wie ein Gerichtsdiener. Und sobald sogar du ihn siehst, zieh vom
Leder. Und während du ziehst, fluche ganz fürchterlich; denn es ge-
schieht oft, daß ein furchtbarer Fluch, der so recht prahlerisch los-
geknallt wird, den Mannesmut deutlicher bekundet als je eine
echte Probe! Los!

ANDREAS: Nein, wenns ums Fluchen geht, laßt mich nur machen! *Ab*

TOBIAS: Nun, seinen *Brief* werde ich *nicht* überbringen. Denn das Betragen dieses jungen Edelmannes zeigt, daß er Verstand und gute
Erziehung hat. Seine Aufträge zwischen seinem Herrn und meiner
Nichte bestätigen das nicht minder. Deshalb würde dieser Brief mit
seiner außerordentlichen Tölpelhaftigkeit den jungen Mann gar
nicht in Schrecken versetzen; er würde gleich sehen, er kommt von
einem Holzkopf. Nein, Freunde, ich will seine Herausforderung
mündlich ausrichten und will Schmerzwang als Ausbund von Tapferkeit darstellen und diesem Edelmann, der sichtlich jung genug
ist, sich etwas aufbinden zu lassen, einen gewaltigen Respekt vor
seiner Geschicklichkeit, Wut und vor seinem Ungestüm einflößen.
Das wird ihnen beiden einen solchen Schreck einjagen, daß sie einander durch den bloßen Anblick umbringen werden, wie Basilisken.

FABIAN: Da kommt er mit Eurer Nichte: Aus dem Weg, bis er Abschied nimmt, und dann gleich ihm nach!

TOBIAS: Mittlerweile will ich mir fürchterliche Ausdrücke für die Herausforderung überlegen.

Tobias, Fabian und Maria ab. Olivia und Viola kommen

OLIVIA: Zuviel schon sagt' ich für ein Herz von Stein,
Zu offen, unbedacht auf meine Ehre:
Etwas in mir mißbilligt meinen Fehler,
Doch ist der Fehler so voll Kraft und Starrsinn,
Daß er dieser Mißbilligung nur spottet.

VIOLA: Ganz so wie Eure Leidenschaft gebärdet
Sich meines Herren Schmerz.

Zwölfte Nacht oder Was ihr wollt

OLIVIA: Da, tragt dies Kleinod mir zulieb: mein Bild ists;
　　Schlagt es nicht aus. Es spricht nicht, Euch zu reizen;
　　Und kommt auch morgen her, ich fleh Euch an! –
　　Was könnt Ihr bitten, das ich Euch nicht gäbe,
　　Solang die Ehre einwilligen kann?
VIOLA: Nur dieses: meinem Herren Eure Liebe!
OLIVIA: Wie könnte ich in Ehren *ihm* das geben,
　　Was ich Euch gab?
VIOLA:　　　　　Ich sprech Euch los davon!
OLIVIA: Gut, leb jetzt wohl. Komm morgen ohne Fehl! –
　　Wärst du ein Teufel, du bekämst wohl meine Seel. 　　　　*Ab*
　　　　　　　　　　　　Tobias und Fabian kommen zurück
TOBIAS: Gott schütz dich, Edelmann!
VIOLA: Euch gleichfalls, Herr.
TOBIAS: Was du an Waffen trägst, das halt bereit. Von welcher Art die
　　Kränkungen sind, die du ihm zugefügt hast, das weiß ich nicht. Doch
　　der dir in den Weg tritt, voll Zorn, blutig wie der wilde Jäger, erwar-
　　tet dich am Ende des Gartens. Drum entblöße deine Klinge, rüste
　　dich wacker, denn dein Angreifer ist rasch, geschickt und tödlich.
VIOLA: Ihr irrt Euch, Herr, ich bin sicher, daß niemand auch nur den
　　geringsten Zwist mit mir hat. Mein Gedächtnis ist durchaus frei
　　und rein von jedwedem Bild einer Kränkung, die ich irgendeinem
　　Mann zugefügt haben sollte.
TOBIAS: Ihr werdet's anders finden, das versichere ich Euch: Drum,
　　wenn Euch Euer Leben das Mindeste gilt, seid auf Eurer Hut! Denn
　　Euer Widersacher hat alles, was Jugend, Kraft, Übung und Zorn in
　　einem Manne vermögen.
VIOLA: Verzeiht, Herr, wer ist er?
TOBIAS: Er ist ein Junker, zum Ritter geschlagen mit unerprobtem De-
　　gen und auf dem Teppich. Aber wenns privaten Zank gilt, ist er der
　　Teufel selbst: schon drei Seelen hat er von ihren Leibern geschie-
　　den, und sein Zorn lodert in diesem Augenblick so unerbittlich,
　　daß er keine andere Genugtuung weiß als Todespein und Grab. Mir
　　nichts, dir nichts, ist seine Losung: Friß, Vogel, oder stirb!
VIOLA: Ich will wieder ins Haus zurück und mir von der Dame Geleit
　　ausbitten. Ich versteh mich nicht aufs Fechten. – Ich habe von einer
　　Art Männern gehört, die eigens Streit mit anderen anzetteln, um
　　ihren Mut zu prüfen. Vielleicht ist es einer von diesem Schlag?

TOBIAS: Nein, mein Herr; seine Entrüstung hat einen äußerst triftigen Grund, eine Beleidigung! Darum vorwärts, und seid ihm zu Willen! Ins Haus zurück sollt Ihr nicht, wenn Ihr nicht mit mir das aufnehmen wollt, womit Ihr mit gerade soviel Sicherheit ihm selbst Rede stehen könnt. Drum vorwärts, oder zieht gleich splitternackt vom Leder! denn kämpfen müßt Ihr, das steht fest, oder Ihr müßt schwören, niemals mehr Eisen zu tragen.

VIOLA: Das ist so unhöflich wie seltsam. Ich beschwöre Euch, erweist mir den Gefallen, den Ritter zu fragen, worin ich ihn beleidigt habe: Es muß ein Versehen von mir gewesen sein, keinerlei Absicht.

TOBIAS: Ich wills tun. Signor Fabian, bleibt bei diesem Herrn, bis ich wiederkomme! *Ab*

VIOLA: Ich bitt Euch, Herr, wißt Ihr von dieser Sache?

FABIAN: Ich weiß, der Ritter ist gegen Euch aufgebracht und wills auf Tod und Leben auskämpfen, doch von den näheren Umständen weiß ich nichts.

VIOLA: Ich beschwör Euch, sagt mir, was für eine Art Mann ist er?

FABIAN: Sein Äußeres verspricht gar nichts von der wunderbaren Begabung, die Ihr finden werdet, wenn Ihr seine Tapferkeit auf die Probe stellt. In der Tat, Herr, er ist der tüchtigste, blutigste und tödlichste Gegner, den Ihr in ganz Illyrien hättet finden können. Wollt Ihr ihm entgegengehen? Ich will Euch mit ihm aussöhnen, wenn ich kann.

VIOLA: Dafür werde ich Euch sehr verbunden sein. Ich bin einer, der lieber mit Priestern als mit Rittern zu schaffen hat; ich mach mir nichts draus, ob man das auch von mir erfährt.

Sie gehen ab. Tobias kommt mit Andreas zurück

TOBIAS: Ach, Mensch, er ist der Teufel selbst! So einen Amazonenkrieger hab ich noch nie gesehen! Ich hab einen Gang mit ihm gemacht – Klinge, Scheide und alles –, und er hat mir einen Stoß versetzt mit so einer tödlichen Bewegung, daß nichts dagegen zu machen ist; und wenn er pariert, ersticht er Euch so sicher, wie Euer Fuß den Boden berührt, auf den Ihr tretet. Es heißt, er ist Fechtmeister beim Perserschah gewesen.

ANDREAS: Hols die Pest! Ich will nichts mit ihm zu tun haben.

TOBIAS: Ja, aber jetzt will er sich nicht zufrieden geben. Fabian drüben kann ihn kaum zurückhalten.

ANDREAS: Hols der Henker! Hätt ich gedacht, daß er tapfer ist und so gut im Fechten, dann hätt ihn eher der Teufel holen sollen, als daß ich ihn gefordert hätt'! Ach, er solls gut sein lassen, und ich will ihm mein Pferd geben, den grauen Capilet.

TOBIAS: Ich schlags ihm vor. Bleib hier stehen; mach gute Miene, es wird schon ohne Mord und Totschlag abgehen. *(beiseite)* Meiner Treu, ich will Euer Pferd grad so gut reiten, wie ich Euch reite!

(Fabian und Viola kommen. Tobias zu Fabian:)

Ich hab sein Pferd, um den Streit beizulegen! Ich hab ihm eingeredet, der junge Kerl sei ein wahrer Teufel.

FABIAN: Der stellt sich ihn genau so furchtbar vor; er stöhnt und ist blaß, als wär ihm ein Bär auf den Fersen.

TOBIAS *(zu Viola)*: Nichts zu machen, Herr: er *will* sich mit Euch schlagen, weil ers geschworen hat. Ehrlich gesagt, der Streit tut ihm schon leid und scheint ihm jetzt kaum der Rede wert: drum zieht nur Euer Schwert, seinem Schwur zuliebe; er beteuert, er will Euch nichts antun.

VIOLA *(beiseite)*: Gott steh mir bei! Es fehlt nur wenig, so sag ich ihnen, wieviel mir fehlt, um ein Mann zu sein.

FABIAN *(zu Viola)*: Weicht zurück, wenn Ihr seht, daß er wild wird.

TOBIAS: Kommt, Junker Andreas! Da ist nichts zu machen: dieser Edelmann will ehrenhalber einen Gang mit Euch machen. Nach dem Gesetz des Zweikampfs kann er da nicht umhin; aber er hat mir versprochen, so wahr er ein Edelmann und ein Krieger ist, er will Euch nichts anhaben. Kommt; los!

ANDREAS: Gott gebe, daß er Wort hält!   *Zieht*

VIOLA: Ich sage Euch, 's ist gegen meinen Willen!

Zieht. Antonio tritt auf

ANTONIO: Weg Euren Degen! Falls der junge Herr hier
Euch Unrecht tat, nehm ich die Schuld auf mich:
Tatet Ihrs ihm, will ich für ihn Euch fordern.   *Er zieht blank*

TOBIAS: Ihr, Herr!? Wer seid denn Ihr?

ANTONIO: Einer, der mehr für seine Freunde wagt, Herr,
Als Ihr ihn je prahlen hörtet vor Euch!

TOBIAS: Wenn Ihr Euch einmischt, bin ich Euer Mann!   *Zieht*

FABIAN: Halt, bester Junker Tobias! Da kommen die Gerichtsdiener!

TOBIAS *(zu Antonio)*: Wir sprechen uns nachher!

VIOLA *(zu Andreas)*: Ich bitt Euch, Herr, steckt Euern Degen ein, wenns gefällig ist.

ANDREAS: Meiner Treu, das will ich, Herr! Und was das betrifft, was
ich Euch versprochen hab, so halt ich auch Wort: Er wird Euch ganz
sanft tragen und ist leicht zu zügeln.

Zwei Gerichtsdiener treten auf

1. GERICHTSDIENER: Das ist er: Tu deine Pflicht.

2. GERICHTSDIENER: Antonio, ich verhafte dich im Auftrag Herzog
Orsinos.

ANTONIO: Ihr verwechselt mich, Herr!

1. GERICHTSDIENER: Nein, Herr, ich kenn Euer Gesicht genau,
Auch wenn Ihr keine Seemannsmütze tragt jetzt.
Führe ihn ab. Er weiß, ich kenn ihn gut.

ANTONIO: Ich muß gehorchen. *(Zu Viola)* Weil ich Euch gesucht hab! –
Nun, nichts zu machen: ich muß Rede stehn. –
Was tut jetzt Ihr, da mich die Not nun zwingt,
Euch um mein Geld zu bitten? Mich schmerzt viel mehr,
Daß ich für Euch jetzt nichts mehr tun kann, als
Was aus mir selbst wird. Ihr steht da voll Staunen?
Doch seid getrost!

1. GERICHTSDIENER: Kommt mit, Herr.

ANTONIO: Ich muß bitten
Um etwas von dem Geld.

VIOLA: Vom welchem Geld, Herr?
Der Güte willen, die Ihr mir erwiest hier,
Und auch bewegt von Eurem Unglück jetzt,
Will ich von meinen armen kleinen Mitteln
Euch etwas borgen: Zwar, ich hab nicht viel,
Doch teil ich mit Euch, was ich bei mir habe.
Die Hälfte, hier.

ANTONIO: Wollt Ihr mich jetzt verleugnen!?
Ists möglich, daß das, was ich für Euch tat,
Euch gar nichts gilt? Spottet mein Unglück nicht,
Sonst könnt es mich verleiten, daß ich Euch
Vorhielte all die Wohltaten, die ich Euch
Erwiesen hab!

VIOLA: Ich weiß von keiner; und ich
Kenn Euch nicht! weder Stimme noch Gesicht. –
Undank hasse ich mehr an einem Menschen
Als eitle Lügen oder trunkenes Stammeln

Und jedes Laster, dessen starker Hang uns
In unserm schwachen Blut liegt.

ANTONIO: O du Himmel!

2. GERICHTSDIENER: Kommt, Herr! Ich bitt Euch, geht!

ANTONIO: Hört mich doch noch: Seht: diesen jungen Mann da,
    Den riß ich aus des Todes offnem Rachen,
    Pflegte ihn dann, liebevoll wie ein Bruder,
    Ja, weil sein Äußeres so für ihn sprach,
    Erwies ich ihm abgöttische Verehrung.

1. GERICHTSDIENER: Was geht das uns an? Trödelt nicht: Kommt fort!

ANTONIO: Doch welch ein schlechter Götze dieser Gott ist!
    Sebastian! du strafst deine Schönheit Lügen!
    Schlechtigkeit ist der Abschaum der Natur,
    Denn nichts ist häßlich als das Böse nur.
    Güte ist schön! – Laster, auch wenns schön strahlt,
    Ist eine leere Truh', vom Teufel reich bemalt!

1. GERICHTSDIENER: Der Mann wird toll. Fort mit ihm! Kommt, Herr!
    Kommt!

ANTONIO: Führt mich ab.   *Gerichtsdiener mit Antonio ab*

VIOLA: Ich glaub, die Leidenschaft, mit der er spricht,
    Zeigt, daß er selbst sich glaubt: *Ich* glaub *mir* nicht.
    Ahnung, sei wahr! Nur so kann ichs erklären:
    Mein Bruder! daß wir Zwei verwechselt wären!

TOBIAS: Komm her, Junker! Komm her, Fabian. Wir wollen uns ein,
    zwei weise Sprüche zuflüstern.

VIOLA: »Sebastian« rief er, und das weiß ich doch:
    Mein Bruder lebt in meinem Spiegel noch.
    So sah er aus; er gleicht mir ganz und gar,
    Auch Kleidung, Schmuck; weil *er* mein Vorbild war.
    So muß es sein! Und bin ich nicht betrogen,
    Sind Stürme sanft, und süß die salzigen Wogen!   *Ab*

TOBIAS: Ein richtig ehrloser, lumpiger Schlingel, und so feig wie kein
    Hase! Seine Ehrlosigkeit sieht man daran, wie er seinen Freund
    hier in der Not verläßt und verleugnet; und was seine Feigheit be-
    trifft, frag Fabian.

FABIAN: Ja, feig! ein frömmelnder Betbruder von Feigling!

ANDREAS: Donnerwetter! Dann will ich ihm wieder nach und ihn ver-
    prügeln!

TOBIAS: Ja, schlag ihn nur! Bloß zieh den Degen nicht!
ANDREAS: Wenn ich das nicht tu, …   *Ab*
FABIAN: Kommt, laßt sehn, wies geht.
TOBIAS: Trotzdem, ich wette, was Ihr wollt: 's wird nichts draus.

Beide ab

Vierter Akt

1. Szene   *Straße vor Olivias Haus.*
                                                Sebastian und der Narr.

NARR: Ihr wollt mir weismachen, daß ich nicht nach *Euch* ausge-
    schickt bin?
SEBASTIAN: Ach, geh nur, geh, du bist ein närrischer Kauz!
    Verschon du mich!
NARR: Ihr bleibt schön dabei, meiner Treu! Nein, ich kenn Euch nicht,
    und auch das gnädige Fräulein hat mich nicht zu Euch geschickt,
    daß Ihr kommen und mit ihr sprechen sollt; und Euer Name ist
    auch nicht Monsieur Cesario; und das da ist auch nicht meine
    Nase! Nichts, was so ist, ist so.
SEBASTIAN: Laß deiner Narrheit sonstwo freien Lauf,
    Mich kennst du nicht.
NARR: Meiner Narrheit freien Lauf lassen! Er hat dieses Wort von ir-
    gendeinem großen Herren gehört, und nun wendet ers auf einen
    Narren an. Meiner Narrheit freien Lauf lassen! Ich fürchte, dieser
    große Bengel, die Welt, wird sich mit solchen Ausdrücken noch als
    Plappermaul erweisen! Ich bitt dich nun, leg dein Fremdtun ab und
    sag mir, womit ich meinem gnädigen Fräulein freien Lauf lassen
    soll? Soll ich ihr frei zulaufen lassen, daß du kommst?
SEBASTIAN: Ich sag dir, närrischer Wortverdreher, laß mich!
    Da hast du Geld; doch wenn du länger wartest,
    Zahl ich dirs schlimmer heim!
NARR: Nein, auf Ehre, du hast eine offene Hand! Die weisen Leute, die
    den Narren Geld geben, erkaufen sich einen guten Ruf, wenn erst
    die vierzehn Jahre Pachtzins um sind.   *(Andreas kommt)*
ANDREAS: Ah, Herr! Treff ich Euch wieder? Nun, da nehmt was!

Schlägt Sebastian

SEBASTIAN: Ach!? Da nimm du! Auch das, und das, und das!
> *(Schlägt Andreas)*

Sind all die Leute toll?!   *Tobias und Fabian treten auf*

TOBIAS: Halt, Herr! Sonst fliegt Euer Degen übers Haus!

NARR: Das will ich gleich meinem gnädigen Fräulein berichten! *(Zu Tobias, Fabian und Andreas)* In *eurem* Rock möcht ich aber auch nicht für zwei Groschen stecken!   *Ab*

TOBIAS: Halt, Herr, halt!

ANDREAS: Nein, laß ihn nur! Ich krieg ihn schon auf eine andere Art. Ich verklag ihn auf grobe Handgreiflichkeit, wenn es noch Recht und Gerechtigkeit in Illyrien gibt. Auch wenn ich ihn zuerst geschlagen hab, darauf kommts nicht an.

SEBASTIAN: Tu deine Hand weg.

TOBIAS: Kommt, Herr, ich laß Euch nicht gehen. Kommt, mein junger Kriegsmann, steckt Euren Degen ein. Ihr habt wohl Blut geleckt? Kommt nur!

SEBASTIAN Ich *will* dich los sein! Was willst du denn? Wenn du wagst, mich weiter zu reizen, so zieh!   *Er zieht blank*

TOBIAS: Was? Was? Nun, dann muß ich ein, zwei Unzen von Eurem vorwitzigen Blut haben.   *Er zieht blank. Olivia tritt auf*

OLIVIA: Halt, Tobias! Halt, wenn dir dein Leben lieb ist!

TOBIAS: Madam!

OLIVIA: Immer so weiter? – Grober Tölpel! Du paßt
Zu deinen Bergen und barbarischen Höhlen,
Wos keine Sitten gibt. – Aus meinen Augen! –
Sei nicht beleidigt, mein lieber Cesario! –
Weg, Grobian!   *(Tobias, Andreas, Fabian ab)*
      Lieber Freund, ich bitt dich, laß
Nun deine Weisheit walten, nicht den Zorn
Über den rohen, ungerechten Anschlag
Auf deinen Frieden! In mein Haus komm mit mir,
Und hör dir an, wieviel sinnlose Streiche
Der Grobian schon verübt hat, daß du dann
Lächeln kannst über diesen! – Komm; du mußt!
Schlag mirs nicht ab! Verwünscht sei er mir jetzt:
Mein armes Herz hat er in dir verletzt!

SEBASTIAN: Worauf soll das hinaus? Was ist mit mir?
Bin ich von Sinnen oder träum ich hier?

Liebe, tauch meinen Geist in Lethe ein!
Wenn das ein Traum ist, laß mich Schläfer sein.

OLIVIA: Nun kommt! O, bitte, folg doch meinem Rat!

SEBASTIAN: Ja! Nur zu gern!

OLIVIA: Ja? – mach dein Wort zur Tat!

Beide ab

2. Szene

Zimmer in Olivias Haus.
Maria und der Narr.

MARIA: Nun bitte, sei so gut, nimm diesen Mantel um und diesen Bart
da, und mach ihm weis, du seist Hochwürden, der Pfarrer Topas.
Mach rasch! Ich ruf indessen Junker Tobias. *Ab*

NARR: Schön, ich ziehs an und will was vortäuschen damit. Ich wollt,
ich wäre der erste, der in so einer Tracht die Menschen getäuscht
hat! Freilich, ich bin nicht groß genug, um meinem neuen Amt
Ehre zu machen, und ich bin nicht hager genug, um als guter Gelehrter zu gelten; aber der Ruf eines *ehrlichen* Mannes und guten
Hausvaters ist grad so gut, wie wenn man als *großer* Mann und Gelehrter gilt. – Ah, da kommen schon meine Rivalen!

Tobias und Maria treten auf

TOBIAS: Gott segne Euch, Herr Pfarrer!

NARR: *Bonos dies*, Junker Tobias! Denn, wie der alte Einsiedler von
Prag, der niemals Tinte und Feder gesehen hatte, zu einer Nichte König Gorboduks so klug sagte: »Das, was ist, ist.« So gehts auch mir:
bin ich der Herr Pfarrer, so bin ich der Herr Pfarrer! Denn: was ist
»das« als »das«, und »ist« als »ist«?

TOBIAS: Sprecht zu ihm, Pfarrer Topas!

NARR: He, sage ich, wer da!? Friede sei diesem Kerker!

TOBIAS: Der Schuft macht trefflich nach! – ein braver Schuft!

MALVOLIO *(hinter der Szene)*: Wer ruft hier?

NARR: Herr Topas, der Pfarrer, der Malvolio, den Besessenen besuchen kommt.

MALVOLIO: Herr Topas, Herr Topas, hochwürdiger Herr Topas! Geht zu
meiner Dame!

NARR: Hebe dich weg, hyperbolischer böser Feind! Was plagst du diesen Menschen! Und sprichst du von nichts als von *Damen*?

TOBIAS: Gut gesagt, Hochwürden!

MALVOLIO: Herr Topas, nie hat man einem Menschen so übel mitgespielt! Bester Herr Topas, glaubt nicht, daß ich von Sinnen bin! Die haben mich hier in gräßliche Finsternis gelegt.

NARR: Pfui über dich, du verlogener Satan! Ich nenne dich noch mit einem milden Namen, denn ich bin eine von jenen sanften Naturen, die sogar dem leibhaftigen Teufel noch höflich begegnen. Hast du gesagt, dieses Haus ist finster?

MALVOLIO: Wie die Hölle, Herr Topas!

NARR: Aber es hat doch Bogenfenster, so durchsichtig wie Barrikaden, und die hohen Fenster nach Süden und Norden strahlen so hell wie Ebenholz; und doch beklagst du dich über die Dunkelheit?

MALVOLIO: Ich bin nicht von Sinnen, Herr Topas! Ich sag Euch, dieses Haus ist finster!

NARR: Unsinniger, du irrst! Ich sage dir aber, es ist keine Finsternis als die der Unwissenheit, in welche du tiefer verfangen bist als die Ägypter in ihre Finsternis.

MALVOLIO: Ich sag Euch, dieses Haus ist so finster wie die Unwissenheit, und wenn die Unwissenheit auch so finster wär wie die Hölle! Und ich sag Euch, noch nie ist einem Menschen so übel mitgespielt worden. Ich bin nicht mehr von Sinnen als Ihr seid: stellt mich nur auf die Probe, fragt mich, was Ihr wollt!

NARR: Was ist die Lehre des Pythagoras betreffend wildes Geflügel?

MALVOLIO: Daß in einem Vogel vielleicht die Seele unserer Großmutter wohnen kann.

NARR: Was denkst du von dieser seiner Lehre?

MALVOLIO: Ich denke von der Seele höher und billige seine Lehre keineswegs.

NARR: Gehab dich wohl: bleibe du weiter in deiner Finsternis! Du sollst dich zur Lehre des Pythagoras bekennen, ehe ich dir einen guten Verstand zugestehe. Und du sollst Angst davor haben, eine Schnepfe zu töten, denn du könntest die Seele deiner Großmutter obdachlos machen. Gehab dich wohl!

MALVOLIO: Herr Topas! Herr Topas!

TOBIAS: Mein allerwertester Herr Topas!

NARR: Nun, ich bin doch mit allen Wassern gewaschen?

MARIA: Du hättest das auch ohne Bart und Mantel tun können; er sieht dich nicht.

TOBIAS: Nun rede ihn mit deiner eigenen Stimme an, und bring mir Nachricht, wie du ihn findest. Ich wollte, wir hätten diesen Streich auf gute Art hinter uns. Wenn sich ein bequemer Weg fände, ihn freizulassen, so wärs mir nur recht, denn ich bin jetzt bei meiner Nichte so schlecht angeschrieben, daß ich diesen Spaß mit Sicherheit nicht bis zum Schluß weitertreiben kann. – Komm dann gleich auf mein Zimmer. *Tobias und Maria ab*

NARR *(singt)*:
Eia, Bruder, lustger Bruder!
Sag mir, was dein Fräulein macht?

MALVOLIO: Narr!

NARR *(singt)*:
Mein Fräulein, die ist aufgebracht!

MALVOLIO: Narr!

NARR *(singt)*:
Ach, du Schmerz! Wie kann das sein?

MALVOLIO: Narr! Hör doch!

NARR *(singt)*:
Sie will einen andern frein.
(zu Malvolio) Wer ruft denn da?

MALVOLIO: Lieber Narr, wenn du mich je zu Dank verpflichten willst, dann verhilf mir zu einer Kerze, Tinte, Feder und Papier! So wahr ich ein Edelmann bin, will ich dir das noch einmal danken.

NARR: Ach, Meister Malvolio!

MALVOLIO: Ja, lieber Narr?

NARR: O weh, Herr! Wie seid Ihr nur um Eure fünf Sinne gekommen?

MALVOLIO: Du Narr! Noch nie ist einem Mann so übel mitgespielt worden! Ich bin meiner Sinne gerade so gut mächtig, Narr, wie du.

NARR: Nur geradeso gut? Dann seid Ihr ja wirklich von Sinnen, wenn Ihr Eurer Sinne nicht mächtiger seid als ein Narr!

MALVOLIO: Die haben mich hier behandelt wie ein Stück Möbel, halten mich im Finstern, schicken mir Pfarrer her, die Esel! und tun alles, was sie nur können, um mich um den Verstand zu bringen.

NARR: Vorsicht, was Ihr sagt! Der Herr Pfarrer ist hier. *(Mit anderer Stimme)* »Malvolio, Malvolio, der Himmel gebe dir deinen Verstand zurück! Versuche zu schlafen und laß ab von deinem eitlen Schnickschnack.«

MALVOLIO: Herr Topas!

NARR: »Wechsle keine Worte mit ihm, mein guter Freund.« – Wer? Ich, Herr? Nein, gewiß nicht, Herr. Gott geleit Euch, hochwürdiger Herr Topas! Amen, sag ich! – Ja, Herr, das will ich, das will ich.

MALVOLIO: Narr, Narr, Narr! Hör doch!

NARR: Ach, lieber Herr, habt Geduld! Was sagt Ihr, Herr? – Ich bin abgekanzelt worden, weil ich mit Euch geredet hab.

MALVOLIO: Bester Narr, verhilf mir doch zu einem Endchen Kerze und etwas Papier: Ich sag dir, ich bin so gut bei Trost wie irgendeiner in Illyrien!

NARR: Du liebe Zeit! Wenn das doch wahr wär, Herr!

MALVOLIO: Meine Hand drauf, ich bins. Lieber Narr! Tinte, Papier und eine Kerze; und was ich aufschreib, das bringe dem gnädigen Fräulein! Es wird dir höheren Lohn bringen, als du je fürs Bestellen eines Briefes bekommen hast.

NARR: Ich will Euch dazu verhelfen. Aber sagt mir die Wahrheit: Seid Ihr wirklich nicht von Sinnen? Oder stellt Ihr Euch nur so?

MALVOLIO: Glaub mir, ich bin nicht toll, ich sag dir die Wahrheit.

NARR: Nein, einem Besessenen will ich niemals glauben, eh ich nicht sein Gehirn gesehen hab. Ich will Euch eine Kerze holen, und Papier und Tinte.

MALVOLIO: Narr, ich werde dich dafür höchlichst belohnen! Ich bitt dich, geh nur schnell!

NARR *(singt)*:
Wie der Wind, Herr!
Ganz geschwind, Herr!
Ich bin gleich zurück.
Hurtig spring ich,
Hilfe bring ich,
Wie Hans Narr im Stück

Der mit hölzernem Schwert,
Wenn der Zorn in ihn fährt,
Aus dem Weg jagt den Teufel!
»Fort, du Flegel,
Ich schneid dir die Nägel.
Geh mit Gott nun, Freund Teufel!«

SEBASTIAN: Dies ist die Luft; das ist die strahlende Sonne!
  Die Perle gab sie mir; ich fühl sie, seh sie:
  Ists auch ein Wunder, das mich so umfängt,
  Ists doch kein Wahnsinn. Nur, wo ist Antonio?
  Im »Elefanten« konnt ich ihn nicht finden,
  Obwohl er dort gewesen war; nur Nachricht,
  Er streife durch die Stadt, um mich zu finden.
  Jetzt wär sein Rat mir wirklich Gold wert: Wenn auch
  Mein Herz den Kopf bestürmt, dies könnt zwar Irrtum
  Doch niemals Irrsinn sein, so überschwemmt doch
  Der Zufall, diese Flut von Glück, mir alles,
  Was ich je hörte, dachte, sah, so hoch,
  Daß ich den eignen Augen kaum mehr traue,
  Noch auch meinem Verstand, der mir doch klarmacht,
  Alles zu glauben, nur nicht, daß ich toll sei
  Oder die Dame, denn wenn sie das wäre,
  Könnt sie nicht Haus noch Dienerschaft regieren
  Und alles weislich hören und bestellen
  So glatt und klug und mit so sichrer Haltung,
  Wie ich sie's tun sah. Etwas steckt dahinter,
  Das könnt uns täuschen. – Doch da kommt sie schon!

  Olivia kommt mit einem Priester

OLIVIA: Nehmt mir die Hast nicht übel; meint Ihrs ehrlich,
  So geht mit mir und diesem frommen Mann
  In die Kapelle da, um dort, vor ihm
  Und unter dem geweihten Dach zu schwören
  Und vollauf zu verbürgen Eure Treu;
  Daß mein zweifelndes, allzu banges Herz
  In Frieden leben mag. Er hälts geheim,
  Bis Ihr bereit seid, es bekanntzumachen,
  Zu welcher Zeit wir unsre Hochzeit feiern,
  Entsprechend meinem Stand. – Und nun, was sagt Ihr?
SEBASTIAN: Ich geh mit Euch und diesem guten Mann
  Und schwör Euch Treu und halt mich ewig dran.
OLIVIA: So führ uns, Pater! – und des Himmels Schein
  Seh hell uns zu und mag uns Segen sein!

  Alle ab

Fünfter Akt

1. *Szene*

FABIAN: Wenn du mein Freund bist, laß mich seinen Brief sehn.

NARR: Bester Meister Fabian, gewährt mir dafür eine andere Bitte.

FABIAN: Jede.

NARR: Verlangt nicht, diesen Brief zu lesen.

FABIAN: Das heißt, mir einen Hund schenken und zur Belohnung den Hund wieder zurückverlangen.

Herzog kommt mit Viola, Curio und Gefolge

HERZOG: Gehört Ihr zu Fräulein Olivia, Freunde?

NARR: Ja, Herr; wir sind ein Teil von ihrem Hausrat.

HERZOG: Ah, ich erkenn dich, guter Freund! wie gehts dir?

NARR: Ehrlich gesagt, Herr, desto besser, je mehr Feinde, und desto schlechter, je mehr Freunde ich habe.

HERZOG: Nein, im Gegenteil: je mehr Freunde, desto besser!

NARR: Nein Herr, desto schlechter.

HERZOG: Wie kann das sein?

NARR: Ja, Herr: die Freunde loben mich und machen einen Esel aus mir; aber meine Feinde, die sagen mir rundheraus, ich bin ein Esel. Also verhelfen mir meine Feinde zur Selbsterkenntnis, und durch meine Freunde werde ich getäuscht. Daher, wenn Ihr die Schlüsse wie Küsse nehmt, daß je zwei einen geben, und wenn vier Verneinungen zwei Bejahungen geben, dann eben: Desto schlechter, je mehr Freunde, und desto besser, je mehr Feinde ich habe.

HERZOG: Ah, das ist höchst sinnreich!

NARR: Meiner Treu, Herr, nein! Auch wenns Euch gefällt, einer meiner Freunde zu sein.

HERZOG: *Meinetwegen* sollst du aber nicht schlechter dran sein: dieses Goldstück soll für mich sprechen.

NARR: Wenn's nicht doppelzüngig wär, Herr, so wollt ich, Ihr könntet zwei draus machen.

HERZOG: Ach, Ihr gebt mir einen unguten Rat.

NARR: Ach, steckt Eure Güte noch einmal in Eure Tasche, Herr, daß Euer Fleisch und Blut ihr gehorchen!

HERZOG: Gut, so will ich mich so weit versündigen, der Doppelzüngigkeit Vorschub zu leisten: hier ist noch eins.

NARR: Primo, secundo, tertio ist ein gutes Spiel; und das alte Sprichwort sagt, aller guten Dinge sind drei. Der Tripeltakt, Herr, ist auch
ein guter Takt zum Trippeln, oder die Glocken von Sankt Benedikt
könnten Euch in die rechte Stimmung bringen: Eins, zwei, drei!
HERZOG: Auf diesen einen Wurf könnt Ihr mir nicht noch mehr Geld
abnarren! Aber wenn Ihr Eurem Fräulein sagt, daß ich da bin, um
mit ihr zu sprechen, und wenn Ihr sie mitbringt, das könnte meine
Freigebigkeit von neuem erwecken.
NARR: Wahrlich, Herr, so mag Eure Freigebigkeit nur schön schlafen,
bis ich wiederkomme! Ich gehe, Herr, aber es wäre mir unlieb,
wenn Ihr dächtet, daß mein Verlangen, etwas zu haben, die Sünde
der Begehrlichkeit sei; doch, wie Ihr sagt, Herr, laßt Eure Freigebigkeit ein Nickerchen tun, ich will sie gleich wieder aufwecken.

Geht ab

VIOLA: Hier kommt der Mann, Herr, der mich rettete!

Antonio kommt mit den Gerichtsdienern

HERZOG: An sein Gesicht erinnere ich mich gut,
Doch als ich es zuletzt sah, wars verschmiert,
Schwarz wie Vulcanus von dem Rauch des Krieges.
Er war der Kapitän von einem Schifflein,
An Bau und Tiefgang völlig unbeträchtlich,
Doch griff er mit der Nußschale so furchtbar
Die besten Schiffe unsrer Flotte an,
Daß selbst der Neid und des Verlustes Stimme
Ihm Ehre ließ und Ruhm. – Was gibt es denn?
1. GERICHTSDIENER: Herzog Orsino, dies hier ist Antonio,
Der unsern *Phoenix* nahm samt seiner Fracht
Aus Kreta, der den *Tiger* enterte,
Wo Titus, Euer Neffe, sein Bein verlor.
Hier auf der Straße, frech und unbesonnen,
Faßten wir ihn bei einer Schlägerei.
VIOLA: Er half mir, Herr; er zog für mich vom Leder!
Doch nachher sprach er seltsam gegen mich:
Ich weiß nicht, was es war, wenn nicht Verwirrung.
HERZOG: Berüchtigter Pirat! Seeräuber du!
Was gabst du tolldreist dich in deren Hände,
Die du dir in so blutig ernstem Kampf
Zum Feind machtest?

ANTONIO: Orsino, edler Herr!
Vergönnt mir, diese Namen abzuschütteln:
Antonio war noch nie Pirat und Räuber,
Wenn auch, ich geb es zu, aus triftigem Grund
Orsinos Feind. – Mich brachte Hexerei her:
Den undankbaren Knaben dort bei Euch
Entriß ich dem vor Wut schäumenden Rachen
Des wilden Meers als hoffnungsloses Wrack.
Ich weckte ihn zum Leben, obendrein gab
Ich Lieb und Freundschaft ihm, aus freien Stücken
Und ohne Rückhalt; seinetwegen hab ich
Mich ausgesetzt nur einzig ihm zuliebe,
Hier den Gefahren dieser feindlichen Stadt,
Ja, zog für ihn das Schwert, als er bedrängt war.
Dabei nahm man mich fest, und seine Arglist
– Weil er meine Gefahr nicht teilen wollte –
Lehrte ihn, Aug in Aug mich zu verleugnen
Und zwanzig Jahr weit mir entrückt zu sein
In *einem* Augenblick! Selbst meinen Beutel,
Den ich ihm ließ vor einer halben Stunde,
Verweigerte er mir!
VIOLA: Wie kann das sein?
HERZOG: Wann kam er in die Stadt?
ANTONIO: Heut, gnädiger Herr! Drei Monate; bis heute,
Ununterbrochen, ja, jede Minute
Haben wir Tag und Nacht zusamm' verbracht.
                    Olivia kommt mit ihren Leuten
HERZOG: Die Gräfin kommt! Der Himmel geht auf Erden! –
Du aber, Mensch: Mensch, was du sagst, ist Wahnsinn!
Drei Monate dient dieser junge Mann schon
Mir. Doch davon nachher. Führt ihn beiseite.
OLIVIA: Was wünscht mein Fürst? In allem außer einem
Will ihm Olivia gern zu Diensten sein. – –
Cesario, Ihr haltet mir nicht Wort.
VIOLA: Madam!
HERZOG: Reizende Olivia! –
OLIVIA: Antwortet mir, Cesario!… Bester Herr, –
VIOLA: Mein Herr will reden; meine Pflicht heißt Schweigen.

OLIVIA: Doch wenns die alte Weise ist, mein Herr,
So ist es meinem Ohr so ganz zuwider
Wie Heulen nach Musik.
HERZOG: Ihr bleibt so grausam?
OLIVIA: Ich bleib so standhaft, Herr.
HERZOG: In falschem Starrsinn? Wie? Herzlose Dame,
Deren Altären ohne Dank und Gnade
Mein Herz die treusten Opfer dargebracht hat,
Die je die Andacht atmete! – Was tu ich?
OLIVIA: Was Euch gefällt, Herr, was Eu'r Gnaden ziemt.
HERZOG: Und warum nicht, wenn ich dazu das Herz hätt:
Wie der ägyptische Dieb, den Tod vor Augen,
Töten die, die ich liebe: Eifersucht,
Wild, wirkt doch manchmal edel. Nein, hört an:
Da meine Treue Euch so gar nichts gilt
Und ich zum Teil das Werkzeug kenne, das mich
Vom rechten Platz in Eurer Gunst verdrängt,
So lebt, Tyrannin mit der Brust von Marmor!
Doch Euer Günstling den Ihr liebt – ich weiß es –
Und der, der Himmel weiß, mir lieb und wert ist,
Den reiß ich aus aus dem grausamen Auge!
Drin er gekrönt sitzt, seinem Herrn zum Hohn! –
Junge, komm mit! Mein Sinn ist reif zur Untat:
Das Lamm hier, das ich lieb, will ich erschlagen,
Um einer Taube Rabenherz zu plagen!
VIOLA: Und ich will gerne, willig und mit Freuden,
Wenns Euch ein Trost ist, tausend Tode leiden.
OLIVIA: Wohin, Cesario?
VIOLA: *Ihm* nach, den ich liebe
Mehr als mein Augenlicht, Leben und Leib!
Mehr, mehr als ich je lieben könnt ein Weib.
Hör's, Himmel! Straf mein Leben, wenn ich lüge
Und meiner Liebe Schmach und Schand zufüge!
OLIVIA: Weh mir, Meineidiger! Wie bin ich betrogen!
VIOLA: Von wem betrogen? Wer tut Euch was an?
OLIVIA: Ists schon so lang her? Denkst du nicht mehr dran?
(zu einem ihrer Leute)
Ruft doch den Priester.

HERZOG *(zu Viola)*:   Du komm fort mit mir!
OLIVIA: Fort, Herr? – Cesario, mein Gemahl! – Bleib hier!
HERZOG: Gemahl?!
OLIVIA: Ja: mein Gemahl. Sprich: leugnest du?
HERZOG: Du ihr Gemahl?
VIOLA: Nein, Herr! Ich schwörs Euch zu!
OLIVIA: Ach, nur die Unterwürfigkeit der Furcht
    Macht dich so deinen eigenen Rang verleugnen!
    Cesario, fürchte nichts: ergreif dein Glück!
    Sei, was du weißt, du bists! und dann bist *du*
    So groß wie was du fürchtest!   *(Priester kommt)*
              Willkommen, Pater!
    Pater, bei deinem heiligen Amt, ich bitt dich,
    Enthülle hier, obwohl wir unlängst noch
    Verheimlichen wollten, was der Anlaß nun
    Vorzeitig aufdeckt, – sag, was, wie du weißt,
    Unlängst sich zutrug zwischen ihm und mir.
PRIESTER: Ein ewiger Liebesbund wurde geschlossen,
    Bekräftigt durch euerer Hände Druck,
    Bestätigt durch den frommen Kuß der Lippen,
    Verstärkt auch durch den Austausch eurer Ringe.
    Der feierliche Vertrag erhielt sein Siegel
    Durch mich, kraft meines Amts und durch mein Zeugnis:
    Seither, sagt mir die Uhr, bin ich gegangen
    Zwei Stunden näher nur zu meinem Grab.
HERZOG: Verlognes Milchgesicht! Was wirst du sein,
    Wenn mit der Zeit dir erst ein grauer Bart wächst?!
    Oder wächst wohl gar so schnell deine List,
    Daß sie dir noch dein eigener Fallstrick ist!
    Lebwohl und nimm sie; doch lenk deinen Fuß
    So, daß ich dich nicht wieder sehen muß!
VIOLA: Nein, Herr! Ich schwöre Euch …
              O, schwöre nicht:
    Nach soviel Angst halt *etwas* Treu und Pflicht!   *Andreas kommt*
ANDREAS: Um Gottes Himmels Willen, einen Wundarzt! Schickt
    gleich einen zum Junker Tobias!
OLIVIA: Was gibts denn?
ANDREAS: Er hat mir den Schädel entzweigeschlagen, und Junker To-

bias hat er auch einen blutigen Kopf verpaßt. Um Gottes Himmels Willen, helft! Ich gäbe vierzig Pfund, gäb ich drum, zu Hause zu sein!

OLIVIA: Wer hat das getan?

ANDREAS: Des Herzogs Kavalier, ein gewisser Cesario. Wir haben geglaubt, er ist ein Feigling, aber er ist der leibhaftige Teufel!

HERZOG: Mein Kavalier? Cesario?

ANDREAS: Kotzdonner! Da ist er! Ihr habt mir den Kopf entzweigeschlagen um nichts und wieder nichts! Und das, was ich getan hab, dazu hat mich Junker Tobias aufgehetzt!

VIOLA: Was sagt Ihr da zu mir? *Ich* tat *Euch* nie was.
Ihr zogt das Schwert gegen mich ohne Grund,
Doch ich sprach sanft zu Euch und tat Euch nichts.

ANDREAS: Wenn ein blutiger Kopf was ist, dann *habt* Ihr mir was getan!
Bei Euch ist ein blutiger Kopf wohl gar nichts!?

(Tobias und Narr kommen)

Da kommt Junker Tobias gehumpelt; da sollt Ihr was zu hören bekommen! Aber wenn er nicht getrunken hätt, dann hätte er Euch ganz anders gekitzelt.

HERZOG: Junker, wie gehts! Wie stehts um Euch?

TOBIAS: Kommt nicht drauf an: er hat mich verwundet, und damit hat sichs. Schafskopf, hast du Dick, den Wundarzt gesehen? – He, Schafskopf?

NARR: Ach, der ist betrunken, Junker Tobias, schon seit einer Stunde! Dem sind die Augen schon um acht Uhr früh übergegangen.

TOBIAS: Dann ist er ein Schlingel und eine Schlafmütze obendrein! Nichts ist mir so verhaßt wie ein betrunkener Schlingel!

OLIVIA: Fort mit ihm! Wer hat die beiden so zugerichtet?

ANDREAS: Ich will Euch helfen, Junker Tobias, denn wir wollen uns zusammen verbinden lassen.

TOBIAS: Wer braucht Hilfe von Euch? – Ein Schafskopf und ein Hanswurst und ein Schurke! Ein fadenscheiniger Schurke, ein Einfaltspinsel!

OLIVIA: Bringt ihn zu Bett und seht nach seiner Wunde.

Narr, Fabian, Tobias und Andreas ab. Sebastian kommt

SEBASTIAN: Verzeiht, Madam, daß ich Eueren Vetter
Verwundet hab, doch wärs mein eigener Bruder,

Ich konnt' nicht anders, denn er griff mich an.
Ihr seht mich an wie einen Fremden; daraus
Entnehm ich, daß es Euch beleidigt hat:
Verzeiht mir, Liebste, bei dem Liebesschwur,
Den wir doch tauschten vor ganz kurzem nur.
HERZOG: Gesicht, Kleid, Stimme eins! Doch zwei Personen;
    Ein Trugbild der Natur, das ist und nicht ist!
SEBASTIAN: Antonio! O lieber Antonio! Wie
    Haben die Stunden mich gequält, gefoltert,
    Seitdem ich dich verlor!
ANTONIO: Sebastian? Ihr?
SEBASTIAN: Zweifelst du dran, Antonio?
ANTONIO: Wie habt Ihr in zwei Teile Euch geteilt?
    Ein halber Apfel gleicht nicht so dem andern
    Wie diese zwei da! Welcher ist Sebastian?
OLIVIA: Höchst staunenswert!
SEBASTIAN *(sieht Viola)*: Steh *ich* dort? Nie hatte ich einen Bruder;
    Noch kann ich von Natur aus wie ein Gott
    Da sein und *dort.* Ich *hatte* eine Schwester,
    Doch die verschlang der Wellen blinde Flut.
    Um Gottes Gnad', wie seid Ihr mir verwandt?
    Woher? Wie heißt Ihr? Was ist Eure Herkunft?
VIOLA: Aus Messalin. Sebastian war mein Vater;
    Und so, Sebastian, hieß mein Bruder auch.
    Er fuhr ins nasse Grab in *solcher* Kleidung.
    Und wenn ein Geist Gestalt nachahmt und Kleidung,
    Kommt Ihr uns schrecken!
SEBASTIAN: Ja, ich bin ein Geist,
    Jedoch gehüllt in einen Erdenleib,
    An dem ich teilhab von der Mutter Schoß her.
    Wärt Ihr ein Weib – sonst stimmt ja alles –, weint' ich
    Auf Eure Wangen Freudentränen und
    Rief': »Viola, du Ertrunkene! willkommen!«
VIOLA: Mein Vater hatte ein Mal auf seiner Stirn.
SEBASTIAN: Der meine auch.
VIOLA: Und starb gerade an dem Tag, als Viola
    Den dreizehnten Geburtstag hatte.
SEBASTIAN: Ja.

Daran erinnere ich mich noch sehr gut.
So wars: sein Weg auf Erden war zu Ende
Am Tag, als meine Schwester dreizehn war.
VIOLA: Wenn nichts mehr fehlt zu unser beider Glück,
Als daß uns meine Männertracht im Weg ist,
Umarmt mich nicht, bis jede Einzelheit
Des Orts, der Zeit, des Zufalls sich zum Bild fügt,
Das mich als Viola zeigt: Dies zu bekräftigen
Führ ich Euch hin zu einem Kapitän
In dieser Stadt, wo meine Mädchenkleider
Noch liegen, und durch dessen Hilfe ich
Gerettet wurde, um dann hier zu dienen
Bei diesem edlen Herzog. Alles weit're
Bewirkten hier die Dame und der Herr.
SEBASTIAN *(zu Olivia)*:
So kommt es, Fräulein, daß Ihr Euch getäuscht habt,
Doch folgte die Natur da ihrem Zug.
Ihr wolltet einer Jungfrau Euch vermählen?
Da seid Ihr nicht getäuscht, bei meinem Leben:
Jungfräulich ist der Mann, der Euch gehört.
HERZOG: Nein, faßt Euch nur! Er ist von edlem Blut. –
Und zeigt dies Zauberspiel uns Wahrheit, will ich
Mein Teil haben an diesem glücklichen Schiffbruch.
(zu Viola) Junge, du hast mir tausendmal gesagt,
Du würdest nie ein Weib lieben wie mich?
VIOLA: Und jedes Wort will ich nochmals beschwören,
Und jeden Schwur im Herzen so treu tragen
Wie die gewölbte Sphäre dort das Feuer,
Das Tag scheidet von Nacht!
HERZOG: Gib mir die Hand!
Laß mich dich sehn in deinen Frauenkleidern!
VIOLA: Der Kapitän, der mich ans Ufer brachte,
Hat meine Mädchenkleider; er ist jetzt
In Haft gesetzt auf Antrag von Malvolio,
Der zum Gefolge des Fräuleins hier gehört.
OLIVIA: Der soll ihn freisetzen! Holt mir Malvolio! –
O weh! Erst jetzt entsinn ich mich: Der Arme,
So sagt man mir, soll ganz von Sinnen sein.

Die eigne Wirrnis hat mich so beschäftigt,
Daß ich die seine ganz und gar vergaß.

        (Narr kommt mit einem Brief, gefolgt von Fabian)
Wie gehts ihm, Freund?

NARR: Fürwahr, Madam, er hält sich Beelzebub so gut vom Leib, wie
ein Mann in seiner Lage nur kann. Hat Euch da einen Brief geschrieben: ich hätt ihn Euch schon heut morgen geben sollen; aber
weil ja die Briefe eines Besessenen nicht grade die Evangelien sind,
spielts keine große Rolle, wann sie bestellt werden.

OLIVIA: Mach auf und lies vor!

NARR: Dann macht Euch drauf gefaßt, recht erbaut zu werden, wenn
der Narr den Besessenen zum besten gibt.   *(Liest pathetisch)*
»Beim Herrgott, Madam!«…

OLIVIA: Was ist denn? Bist du besessen?!

NARR: Nein, Madam, ich lese die Besessenheit nur vor: wenn Euer
Gnaden es so haben wollen, wies sein *soll*, dann müßt Ihr meiner
Stimme freien Lauf gestatten.

OLIVIA: Sei so gut, lies es mit Verstand!

NARR: Das tu ich, Madonna; aber um es nach *seinem* Verstand zu lesen, muß mans *so* lesen. Deshalb merket auf, meine Prinzessin, und
leiht Euer Ohr!

OLIVIA *(zu Fabian)*: Lest Ihr es, Fabian!

FABIAN *(liest)*: »Beim Herrgott, Madame, Ihr tut mir unrecht, und die
Welt solls wissen: Obwohl Ihr mich in die Finsternis geworfen und
Eurem betrunkenen Vetter die Herrschaft über mich überantwortet
habt, stehen mir meine fünf Sinne doch ebenso zur Verfügung wie
Euer Gnaden. Ich habe Euren eigenen Brief, der mich bewog, mich
so anzustellen, wie ich es tat. Und ich zweifle nicht, daß ich mit diesem Brief ebenso sehr mich rechtfertigen wie Euch beschämen
kann. Denkt von mir, wie Ihr wollt. Ich lasse meine schuldige Ehr-
furcht auf ein Weilchen außer acht und spreche nach Maßgabe der
erlittenen Beleidigung.

        Euer als ein Besessener mißhandelter *Malvolio*«

OLIVIA: Und das schrieb *er*?

NARR: Ja, Madam.

HERZOG: Das wirkt gar nicht,
Als wär er nicht bei Trost.

OLIVIA: Setz ihn in Freiheit,

Dann, Fabian, bring ihn her.   *(Fabian ab)*
                    Mein Fürst, beliebts Euch,
Wenn all dies weiterhin erwogen ist,
Mich anzusehen als Schwester statt als Gattin,
So krön' *ein* Tag zwei Ehen, wenns Euch recht ist,
In meinem Haus hier, und auf meine Kosten.
HERZOG: Madam, der Vorschlag ist mir höchst willkommen.
  (zu Viola) Von Eurem Herrn seid ihr entlassen; doch für
  Euren getanen Dienst, der Euerem Geschlecht
  So schwer gewesen sein muß und so tief
  Stand unter dem, wozu man Euch erzog –
  Auch weil Ihr mich so lange Herr genannt habt –
  Nehmt meine Hand: von nun an immerzu
  Seid Herrin Eures Herren!
OLIVIA: Schwester, du!
HERZOG: Ist das der Tollkopf?   *(Fabian kommt mit Malvolio)*
OLIVIA: Ja, mein Herr, er ists.
  Wie gehts, Malvolio?
MALVOLIO: Fräulein, Ihr habt mir unrecht angetan,
  Schmähliches Unrecht!
OLIVIA: Ich, Malvolio? Nein.
MALVOLIO: Ja, doch, Madam! Lest, bitte, nur den Brief da.
  Ihr dürft nicht leugnen: es ist Eure Hand!
  Schreibt anders, wenn Ihr könnt, Stil oder Handschrift;
  Oder sagt: »Dies ist nicht mein Brief noch Siegel.«
  Das alles könnt Ihr nicht. Nun, so gebts zu
  Und sagt mir aufrecht, um der Ehre willen,
  Was gabt Ihr mir so klare Gunstbeweise
  Und hießt mich lächeln und in gelben Strümpfen,
  Kreuzweis gebunden, zu Euch kommen, schroff sein
  Zu Junker Tobias und geringern Leuten?
  Und als ichs tat, gehorsam und voll Hoffnung,
  Warum habt Ihr mich dann einsperren lassen,
  Im Dunkeln halten, mir den Priester schicken
  Und mich zum ärgsten Narren halten lassen,
  Dem je ein Streich gespielt ward? Sagt, warum?
OLIVIA: Malvolio, ach! das ist nicht meine Handschrift.
  Zwar, ich gestehs, sie sieht der meinen ähnlich;

Und nun, da ichs bedenk, es war ja *sie*, die …
– Ja, zweifellos: das ist Marias Hand! –
… zuerst mir sagte, du seist toll, dann kamst du
Und lächeltest und kamst in solchem Aufzug,
Wies hier der Brief verlangt. Beruhig dich, bitte:
Dir wurde da ein schlauer Streich gespielt,
Doch kennen wir die Gründe erst und Täter,
So sollst du Kläger und auch Richter sein
In deinem eignen Fall.

FABIAN: Hört mich, Madam!
Laßt keinen Streit und keinen künftigen Zank
Verdunkeln diese staunenswerte Stunde,
Die ich mit ansah. Und in dieser Hoffnung
Gesteh ich frei, ich und Tobias haben
Den Streich gegen Malvolio ausgeheckt,
Weil er so starrsinnig und ungeschliffen
War gegen uns. Maria schrieb den Brief,
Doch nur auf Junker Tobias' starkes Drängen;
Zum Dank dafür nahm er sie nun zur Frau. –
Wie wirs dann ausführten mit lustiger Bosheit,
Mag mehr zum Lachen als zur Rache reizen,
Wenn man gerecht wägt die Beleidigungen,
Die beide Seiten litten.

OLIVIA: Ach, armer Narr! Wie hat man dich geneckt!

NARR: Ja: »Einige werden groß geboren, einige arbeiten sich zur
Größe empor, und einigen fällt Größe zu.« Ich war einer, Herr, in
diesem Possenspiel, ein gewisser Herr Pfarrer Topas, Herr; aber das
ist alles eins. »Beim Himmel, Narr, ich bin nicht toll.« Aber erinnert
Ihr Euch noch: »Mich wundert, wie Euer Gnaden an einem so unergiebigen Schuft Gefallen finden? Wenn Ihr nicht lacht, gleich ist
ihm das Maul gestopft.« Und so bringt der Drehkreisel der Zeit
seine Rache mit sich.

MALVOLIO: Ich räch mich noch an Eurem ganzen Pack!   *Ab*

OLIVIA: Man hat ihm aber schmählich mitgespielt.

HERZOG: Geht, holt ihn ein! Seht, daß Ihr ihn beschwichtigt. –
Er hat noch nichts vom Kapitän gesagt.
Wenn wir *das* wissen und die goldne Zeit
Recht ist, wolln wir ein feierliches Bündnis

Unserer Seelen schließen. Bis dahin
Wolln wir Euch nicht verlassen, teure Schwester! –
Cesario, kommt, – heißt so, solang Ihr Mann seid!
Doch, wenn man Euch in andern Kleidern schaut,
Orsinos Herzenskönigin und Braut!   *Alle ab*

NARR *(singt)*:
Einst, als ich ein Bub war und sonst noch nicht viel,
Eia, bei Regen und bei Wind –
War ein närrisches Ding nur ein Kinderspiel,
Denn der Regen, der regnet jeden Tag.

Doch als ich dann auszog die Kinderschuh,
Eia, bei Regen und bei Wind –
Schloß vor Buben und Dieben die Türen man zu,
Denn der Regen, der regnet jeden Tag.

Doch als ich – o weh! – ein Weib gar gefreit,
Eia, bei Regen und bei Wind –
Da war sie vorbei, meine freie frohe Zeit,
Denn der Regen, der regnet jeden Tag.

Doch als ich dann schwankend zu Bette ging,
Eia, bei Regen und bei Wind –
Meiner Freunde Köpfe der Rausch noch umfing,
Denn der Regen, der regnet jeden Tag.

Die Welt steht schon lange und macht sich nichts draus,
Eia, bei Regen und bei Wind –
Doch das Stück ist nun aus, und ich bitt um Applaus,
Denn wir wolln euch gefallen an jedem Tag!   *Ab*

William Shakespeare übersetzt von Erich Fried

»Frieds Übersetzungen – einer der am besten gelungenen Versuche, Shakespeare auf deutsch für das zwanzigste Jahrhundert zu erobern, ohne ihn moralisch zu verfälschen.«
Thomas Rothschild, Stuttgarter Zeitung

»Die ideale Shakespeare-Übersetzung wird es niemals geben. Aber es gibt heute den idealen Shakespeare-Übersetzer. Erich Fried besitzt für diese Aufgabe bessere Voraussetzungen als jeder andere vor ihm.«
Peter Fischer, Der Tagesspiegel

Bisher erschienen:

Hamlet / Othello
Die beiden Psychokrimis unter Shakespeares großen Tragödien, von Erich Fried in klassisch-modernes Deutsch übertragen.
WAT 347. 224 Seiten

Romeo und Julia / Maß für Maß
Ein herzzerreißendes Liebesdrama mit traurigem Ausgang und ein bitterböses Justizdrama: eine Warnung für alle unschuldig Verliebten und Lotterbuben.
WAT 355. 184 Seiten

Viel Getu um nichts / Die lustigen Weiber von Windsor
Ein berühmtes Intrigenstück und eine hanebüchene Farce: zwei der beliebtesten Shakespeare-Komödien.
WAT 382. 168 Seiten

Der Kaufmann von Venedig
Das umstrittenste Stück Shakespeares; mit einem Dossier über seine Quellen, sozialen Strukturen und Wirkungen.
WAT 445. 160 Seiten

König Lear / Der Sturm
Die beiden letzten großen Stücke Shakespeares: Der rasende König mit seinen drei Töchtern und Prospero, der zaubernde Intellektuelle.
WAT 475. 192 Seiten

Wie es euch gefällt / Verlorene Liebesmühe
Die beiden schönsten Lustspiele Shakespeares in der klassischen Übersetzung von Erich Fried.
WAT 501. 168 Seiten

Wenn Sie mehr über den Verlag und seine Bücher wissen möchten, schreiben Sie uns eine Postkarte (mit Anschrift und ggf. email). Wir verschicken immer im Herbst die *Zwiebel*, unseren Westentaschenalmanach mit Gesamtverzeichnis, Lesetexten aus den Büchern und Photos. *Kostenlos!*
Verlag Klaus Wagenbach   Emser Straße 40/41   10719 Berlin   www.wagenbach.de